本书是西南政法大学安全发展与社会稳定风险治理创新研究团队、重庆市政府人文社科重点研究基地——中国社会稳定与危机管理研究中心资助出版的阶段性成果

本书获得国家社科基金重点项目“我国中长期规划决策机制及方法论研究：基于五年规划实施绩效视角”（15AZD016）、国家自然科学基金面上项目“发展规划实施评估与‘善治’：基于公共政策过程视角”（72274026）的资助

发展规划决策机制研究

——基于规划实施绩效的视角

刘泽　著

中国社会科学出版社

图书在版编目（CIP）数据

发展规划决策机制研究：基于规划实施绩效的视角 / 刘泽著．—北京：中国社会科学出版社，2024．1

ISBN 978 - 7 - 5227 - 2904 - 6

Ⅰ．①发…　Ⅱ．①刘…　Ⅲ．①社会规划—研究—中国　Ⅳ．①C916

中国国家版本馆 CIP 数据核字(2023)第 246821 号

出 版 人　赵剑英
责任编辑　田　文
责任校对　张爱华
责任印制　王　超

出　　版　中国社会科学出版社
社　　址　北京鼓楼西大街甲 158 号
邮　　编　100720
网　　址　http://www.csspw.cn
发 行 部　010 - 84083685
门 市 部　010 - 84029450
经　　销　新华书店及其他书店

印　　刷　北京君升印刷有限公司
装　　订　廊坊市广阳区广增装订厂
版　　次　2024 年 1 月第 1 版
印　　次　2024 年 1 月第 1 次印刷

开　　本　710 × 1000　1/16
印　　张　12.5
插　　页　2
字　　数　185 千字
定　　价　66.00 元

前　　言

新中国成立以来，中国已经制定和实施了十四个五年规划（计划）。通过梳理发现，从“二五”计划到“六五”计划，发展规划决策过程出现反复。改革开放以来，我国发展规划编制程序逐步回归正常，并日益完善。尤其是从“十一五”规划开始，相关文件明确要求增加了“规划间衔接协调”和“中期评估及调整”两项编制程序。现在，发展规划已经成为我国最重要最成功的公共政策之一，那么，发展规划决策机制是什么？为何要花费如此巨大的人力和财力成本让决策层、编制层和咨询层等群体参与其中？为何陆续出台相关意见乃至酝酿出台发展规划法对规划编制程序进行规定？为何要增加“规划间衔接协调”和“中期评估及调整”两项编制程序？遗憾的是，相关研究主要是从历史纵向角度对新中国成立以来的五年规划（计划）的编制过程进行阐述，以及从横向对比角度对我国发展规划与欧盟、印度和美国的重要政策编制特征进行对比，并没有深入探究发展规划决策机制。

为了更好地探究发展规划决策机制，本研究首次选取了“规划实施绩效”这一视角。一方面，对于发展规划而言，规划实施是编制发展规划的根本目的，规划实施绩效是检验发展规划好坏，同时也是检验其决策机制好坏的重要标准；另一方面，以结果为导向，审视发展规划决策过程中各个环节和因素，分析哪些环节和因素是有利于实施和实施绩效提高，哪些环节和因素是对实施和提高实施绩效不起作用，并分析其背后的原因。此外，本研究界定了决策机制、决策共识、文本质量和规划实施绩效等重要概念，其中，决策机制包括决策方式（民主化、科学化和法治化）和调整方式（衔接协调和适时调规）。

本研究将建构主义和实证主义两个研究范式结合，构成一个完整的“科学轮”循环。首先，运用建构主义研究范式，以十三个五年规划（计划）为案例，深入分析规划决策机制（民主化、科学化、法治化、衔接协调和适时调规）、决策共识、文本质量、规划实施绩效之间的内在关系，提出相关命题，构建理论模型。然后，再采用实证主义研究范式，获取一手的官员问卷数据，采用 Smart PLS 软件对问卷调研数据进行分析，对理论模型和假设进行验证。

本研究主要的发现：第一，与一般公共政策不同，发展规划决策机制除了决策方式（民主化、科学化、法治化）之外，还包括调整方式（衔接协调和适时调规）。第二，相对于决策方式（民主化、科学化、法治化），调整方式（衔接协调和适时调规）对规划实施绩效更重要。第三，民主化、科学化、法治化、衔接协调和适时调规的作用机制有明显差异。其中，民主化只对决策共识而非文本质量产生显著正向影响。科学化和法治化只对文本质量而非决策共识产生显著正向影响。衔接协调和适时调规均对决策共识和文本质量产生显著正向影响。第四，决策共识和文本质量是发展规划决策机制影响实施绩效的重要中介变量。

本研究的研究方式和结论具备较好的学术意义和现实意义。从学术意义来看，主要是拓展我国发展规划研究的新思路，从学理上发展和丰富我国发展规划理论体系：第一，本研究首次以规划实施绩效视角研究我国发展规划决策机制，这有利于拓展我国发展规划研究的新思路。第二，本研究首次尝试采用定量研究方法丰富发展规划决策机制研究，探寻其内在规律，一是丰富发展规划决策机制研究方法，二是可以对目前关于规划编制决策“似有道理”但又难以决断的多种说法进行澄清，三是对丰富发展规划决策机制的基础理论研究、应用基础研究和具体问题研究等大有裨益。第三，本研究首次对利益型公共政策和知识型公共政策二者的不同进行了区分。这有利于细化公共政策的研究领域，得出更准确的研究结论。从现实意义来看，对坚持和完善我国发展规划决策机制提供理论依据：第一，研究结论肯定了我国发展规划决策优势。研究发现，民主化、科学化、法治化、衔接协调和适时调规均不同程度通过决策共识和文本质量对规划实施绩效产生显著影响。这就解释了为何我国发展规划决策过程中要花费如此巨大的人力和财力成本让决策层、编制层和咨询层等主体参与其中，要陆续出台相关意见乃至酝酿出台发展规划法对规划编制程序进行规定，以及要增加“规划间衔接协调”和“中期评估及调整”两项编制程序。第二，研究结论为完善我国发展规划决策机制提供重要依据。研究发现，在征求意见过程中，限于主体多、时间短、形式单一等因素，各主体只是提出粗浅零散的浅层次意见或发展诉求，因此民主化机制只对决策共识而非文本质量产生显著正向影响。由于对发展思路、发展定位、核心指标等核心要素深入论证的决策者主要集中在党政一把手、分管发改委（局）领导和发改委（局）核心成员，这类决策者规模小、级别高，主要代表整体利益而非部门（地方）利益和诉求，因此，科学化机制总体是对文本质量而非决策共识产生显著正向影响。因为无法确切保证每个决策程序中参与征求意见的各部门（地方）的覆盖面、参与意愿以及诉求吸纳情况，因此法治化机制对文本质量而非决策共识产生显著正向影响。这有利于提出有针对性的政策建议。

后续努力在以下方向深化研究：第一，后续可以把诸如组织化特征、人格化特征等因素变量考虑进来，同时，继续探索除了决策共识和文本质量之外的中介变量，以丰富理论模型；第二，进行更多的案例研究，深入分析其内在决策机制，通过多案例对比丰富理论模型；第三，可以继续深化研究，与更多富有规划编制决策经验的官员和学者探讨，逐步修正完善实证研究设计；第四，随着研究的深入，抓住机会开展面向更多地区、更高级别、更广人群的调研，努力提高调研的科学性，确保研究结论的可靠性和稳健性。

目　　录

第一章

绪　论

一　研究背景及问题提出

中国是五年规划[①]（计划）实施时间最长的国家。苏联是最早采用（五年）计划体制的国家。在1991年解体之前，苏联共编制实施了12个五年计划。其他西方资本主义国家（如法国、德国、瑞典等）和东亚国家（如日本、韩国等）也曾经编制过四年计划或五年计划，但是后来因为社会经济发展出现危机，它们将原因归咎于计划体制的失灵，因此部分国家逐渐放弃计划体制。中国在苏联的指导帮助下编制了第一个五年计划。虽然后来因为各种原因，五年计划编制和实施受到某种程度的影响，但中国并没有放弃五年计划体制，而是不断完善五年计划体制。到现在，中国已经编制并实施了14个五年规划（计划），超越了苏联，成为世界上编制五年规划时间最长的国家。可预见的是，我国还将继续编制实施五年规划。从新中国成立到2020年，为实现第一个百年奋斗目标，我们已经编制实施了13个五年规划（计划）。这一时期，尤其是改革开放以来，发展规划已经成为实现承载国家治理目标、明确国家治理途径的重要工具，受到国内

① 特别说明，我国规划名称经历了三次大的改变，"一五"至"十五"时期称为"五年计划"（期间"六五"从"国民经济发展计划"改为"国民经济与社会发展计划"，但仍统称为"五年计划"）。"十一五"至"十四五"时期称为"五年规划"。2018年，中共中央国务院下发的《统一规划体系，更好发挥国家发展规划战略导向作用》（中发〔2018〕44号）首次称为"发展规划"。本研究关于规划的名称有两种：如果涉及"一五"至"十四五"时期的统称，称为"五年规划（计划）"，如果没有涉及具体时期，则称为"发展规划"。

外的高度认可。从2021年起，我国不断总结历史经验教训，开拓创新规划编制方法，再编制实施6个乃至更多的五年规划，实现第二个百年奋斗目标和中华民族伟大复兴。

发展规划已经成为我国最重要最成功的公共政策之一。改革开放以来，我国的规划体系日益完善、编制程序日益规范，规划实施完成程度也稳步提升。一是规划体系日益完善。2005年，《国务院关于加强国民经济和社会发展规划编制工作的若干意见》（国发〔2005〕33号）首次提出构建形成“国家—省—市县”三级和“五年规划—专项规划—区域规划”三类规划体系。2018年，中共中央国务院下发的《统一规划体系，更好发挥国家发展规划战略导向作用》（中发〔2018〕44号）进一步明确“建立以国家发展规划为统领，以空间规划为基础，以专项规划、区域规划为支撑，由国家、省、市县级规划共同组成，定位准确、边界清晰、功能互补、统一衔接的国家规划体系”，首次明确提出三级四类规划体系。可以说，我国已经成为“规划之国”，规划在多个层级、领域和区域等均发挥了重要的作用，成为我国最重要的公共政策之一。二是编制更加规范。从“七五”计划开始，五年规划（计划）编制主体、时间、程序逐渐制度化。以国家层面为例，主体上形成了由中央全会提出建议、由国务院编制和人大审议批准纲要的机制；时间和程序上形成了“前期研究—基本思路—建议起草—纲要编制”四大阶段程序，大约需要2.5年时间。总体来看，我国发展规划的编制日益规范，成为我国乃至世界上持续时间最长，涉及人口最多，达成共识最强的公共政策范例之一。① 三是完成程度稳步提升。21世纪以来，我国规划的指标完成率不断提高。胡鞍钢团队运用目标一致法对近几个五年规划（计划）指标完成程度追踪研究发现，中国“十五”计划至“十二五”规划的目标完成率由64.3%到86.4%，再到96%，稳步提升。尤其节能减排指标由“十五”计划的未实现到“十一五”和

① 引自胡鞍钢2011年4月19日关于《“十二五”规划决策与解读》的演讲PPT。

“十二五”规划的全部完成。[①] 美中商会前主席詹姆斯·麦格雷戈（James McGregor）认为，美国可以向中国学习的一个重要经验就是要设立目标、制定计划，全力推动整个国家向前走。中国人有五年计划，他们时刻牢记这些目标。[②] 这些均证明我国的发展规划逐渐成为世界上最成功的公共政策之一。

作为我国最重要的公共政策之一，发展规划已经成为理解我国公共政策决策的密钥。那么，我国发展规划决策的具体机制是什么？如何将复杂的决策过程抽象为关键变量，并理清关键变量间的关系？深入相关问题的研究，学术上可以丰富发展规划理论知识体系以及为我国公共政策决策机制研究提供典型样本，实践上可以为改进我国发展规划编制决策提供有意义的参考。但目前相关成果对于发展规划决策机制的研究要么是从历史纵向角度梳理十三个五年规划（计划）的编制过程，要么从横向对比角度对我国发展规划与欧盟、印度和美国的重要政策编制程序进行对比，较少从学术理论角度对发展规划决策机制进行研究。

二 研究范式和研究方法

公共管理领域，存在建构主义和实证主义等研究范式。由于之前没有学者从绩效视角研究发展规划决策机制问题，因此，本研究首先需要运用建构主义研究范式，使用定性方法（以案例研究为主）构建理论模型。本研究以十三个五年规划为案例，深入分析规划决策机制、决策共识、文本质量、规划实施绩效之间的内在关系，提出相关命题，构建理论模型。然后，本研究运用实证主义研究范式，采用问卷研究的方法/调查法来进行

① 胡鞍钢：《五年规划与中国奇迹》，《人民政协报》2016 年 3 月 30 日；胡鞍钢、鄢一龙、吕捷：《中国发展奇迹的重要手段——以五年计划转型为例（从“六五”到“十一五”）》，《清华大学学报》（哲学社会科学版）2011 年第26（1）期。

② 参见［美］詹姆斯·麦格雷戈《美国可向中国学习的五件事》，《参考消息》2009 年 11 月15 日。

检验。通过建构主义和实证主义的结合，完成“科学轮”的循环（见图1.1）。

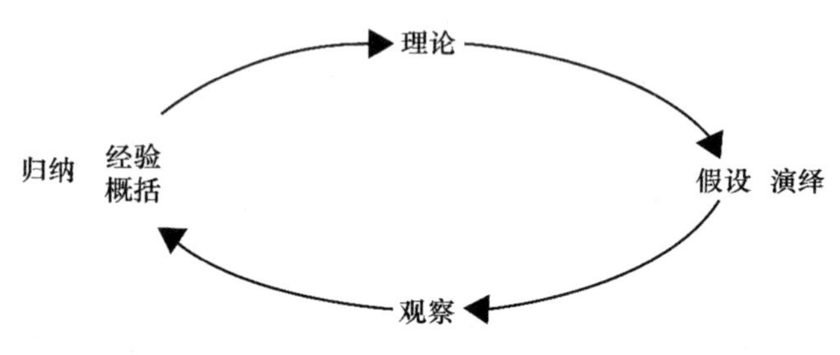

图1.1 科学轮循环

具体来看，围绕研究问题，本项研究将采用以下方法展开研究工作：

在第二章文献综述部分，主要是采用文献研究法，对关于我国发展规划编制研究和公共政策决策研究的相关报纸新闻、期刊文献和书籍著作等进行梳理归纳、对比总结，一方面为本研究提供借鉴参考，另一方面发现可能存在的理论创新空间。

在第三章理论模型建构部分，首先，采用内容分析法，对有关五年规划（计划）的相关政策文件、研究报告、学术论文、新闻材料、统计数据、政治人物的文集和回忆录、官方的和中外学者的有关当代中国的历史著作和纪实著作、官方公布的各种历史资料和档案等既有资料的充分利用，对历次五年规划（计划）的决策过程进行刻画、归纳。其次，采用多案例研究法，对十三个五年规划进行分析。在针对每一组变量关系进行说明的时候，均参照“两级模式”的抽样方法，选择相反的案例进行对比说明。其中，采用访谈法，围绕发展规划决策机制，对地方政府官员进行深度访谈，描述相关细节，进行支撑论证。

在第四章实证分析部分，首先，采用问卷调查法，针对发展改革委（局）长期参与规划编制的官员进行问卷调查，获取一手数据资料。其次，采用Smart PLS软件，针对第三章的理论模型，探究发展规划决策机制、决策共识、文本质量和规划实施绩效相互关系。最后，采用质性研究法，运用 NVivo 10 软件对问卷的主观回答资料进行辅助编码和分析，将非定量的材料转化为定量的数据，找出调研对象对编制发展规划关注重点的排序，为前面的定量研究结论提供证据支持。

三　框架结构与主要内容

本研究基于规划实施绩效视角，实证研究发展规划决策机制，以期拓展发展规划决策相关理论。具体来看，本研究分为五章，主要框架和研究路线见图 1.2。

第一章是绪论，主要阐述研究背景，基于研究背景提出研究问题，对研究范式和研究方法进行说明，并着重概括本研究主要理论创新点。

第二章是文献综述，主要梳理已有研究，发现可能存在的理论创新空间。首先，对发展规划相关研究进行梳理，找到研究存在的不足；其次，由于发展规划研究成果较少，将文献范围扩展到公共政策领域，从决策主体、决策议程、决策过程和“决策与执行”系统分析等四个视角对已有公共政策研究成果进行归类总结；最后，进行文献述评，说明本研究的方向、视角和方法。

第三章是发展规划决策机制理论模型建构。首先，说明选择“规划实施绩效”研究视角的原因和界定本研究相关核心概念，其中本研究将发展规划决策机制划分为决策方式和调整方式，决策方式包括民主化、科学化和法治化，调整方式包括衔接协调和适时调规；其次，对我国“一五”计划到“十三五”规划进行历史纵向梳理；最后，运用多案例研究方法，围绕每一组变量关系对十三个五年规划相关案例进行对比研究，提出命题、构建理论模型。

第四章是实证分析部分。首先，做好实证研究的准备工作，依次说明研究设计变量如何进行测量、问卷如何设计发放及回收、如何根据研究需要和样本情况选择合适的研究方法、问卷信效度检验。其次，运用数据对假设进行一一验证，并根据假设验证结果进行深入分析发展规划决策机制。

第五章是主要研究结论、对策建议和后续研究。依次提出本研究的四大结论、相关对策建议以及后续研究的努力方向。

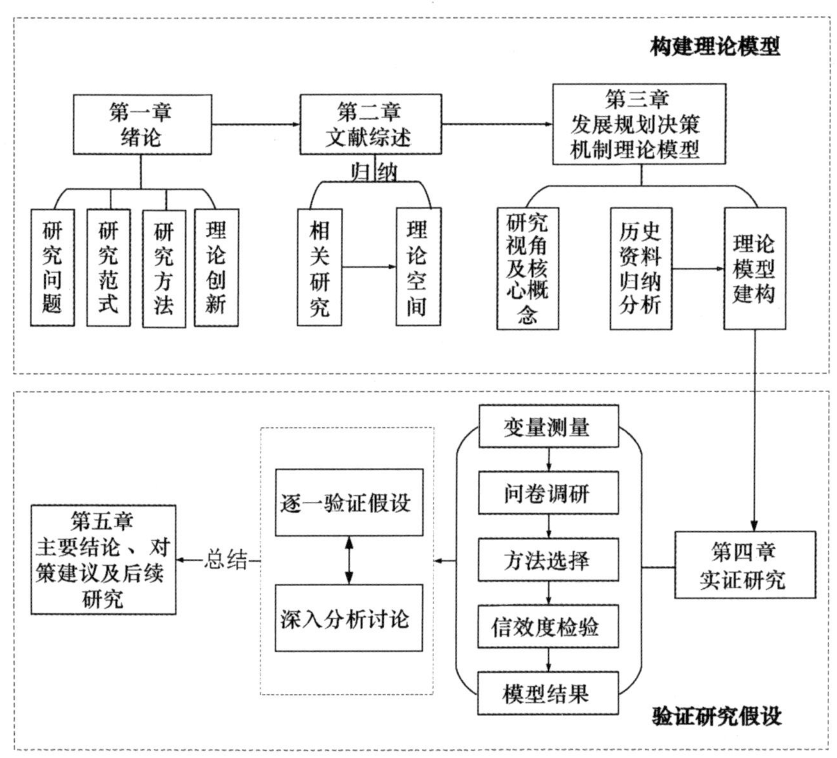

图 1.2　研究框架及路线图

四　本研究主要理论创新

研究发现，与一般公共政策不同，发展规划决策机制除了决策方式（民主化、科学化、法治化）之外，还包括调整方式（衔接协调和适时调规）。

以往的学术研究均有意无意将发展规划等同于一般性的公共政策，强调发展规划决策过程只需做到“民主化、科学化和法治化”。本研究发现，与一般公共政策不同，发展规划体系完备、周期长，因此决策机制除了要做到民主化、科学化和法治化之外，还要做到“衔接协调和适时调规”。

数据结果证明“发展规划的决策机制除了要做到民主化、科学化和法治化之外，还要衔接协调和适时调规”。从对文本质量和决策共识的影响来看，衔接协调、适时调规对文本质量和决策共识均产生显著正向影响。民主化只是对决策共识产生显著正向影响。科学化和法治化均只对文本质量产生显著正向影响。

实际上，在梳理相关公共政策决策理论过程中发现，理性决策理论和有限理性决策理论的“理性”二字能够解释现阶段中发展规划决策的本质，并根据发展规划决策特征发现：价值理性，即要体现参与主体的价值诉求，对于发展规划编制决策而言要注重民主化；工具理性，即实现各主体价值追求的方式方法，对于发展规划编制决策而言关键要做到科学化；程序理性，即决策过程中要遵循规定的步骤和程序等，发展规划是我国最重要的公共政策之一，关键是要做到法治化；整体理性，即决策过程中要从整体的视角把握决策理性，对于发展规划而言，其本身处于严密复杂的规划体系之中，因此尤其要注重规划之间的衔接协调；动态理性，即决策过程中要基于条件因素的变化实现决策的动态理性。对于发展规划而言，其编制和实施周期较长，要注重适时调规。

研究认为，价值理性（民主化）、工具理性（科学化）、程序理性（法治化）、整体理性（衔接协调）和动态理性（适时调规）之间存在紧密的逻辑关系。第一，价值理性（民主化）和工具理性（科学化）的关系是，从制定规划来看，价值理性（民主化）是实现工具理性（科学化）的前提，工具理性（科学化）是价值理性（民主化）的目的。从规划的实施目的来看，工具理性（科学化）是实现价值理性（民主化）的基础，价值理性（民主化）是工具理性（科学化）的目的。第二，程序理性（法治化）是价值理性（民主化）、工具理性（科学化）、整体理性（衔接协调）和动态理性（适时调规）的重要保障。第三，工具理性、价值理性和程序理性均是针对单个规划而言，我们称之为个体理性。个体理性和整体理性的辩证关系是，只有实现个体理性，整体理性才有基础；只有注重整体理性，个体理性才有价值，也才能实现。第四，工具理性、价值理性、程序理性和整体理性均是针对发展规划编制这一时间区间而言，属于静态理性。但发展规划的实施期限是5年，规划实施过程所处的环境总在不断变化并难以预测①，因此必须灵活决策、适时调整，实现动态理性。

研究发现，相对于决策方式（民主化、科学化和法治化），调整方式（衔接协调和适时调规）对规划实施绩效更重要。

本研究首次以规划实施绩效视角研究我国发展规划决策机制。已有政策决策理论的视角从决策主体到决策议程到决策过程再到“决策与执行”系统分析，呈现出从狭义决策到广义决策、从决策前端向决策后端延伸的趋势，利于从更宏观的视角研究决策，得出更科学的结论。发展规划最终是要能够落地实施，因此，本研究以结果为导向，审视发展规划编制决策过程中各个环节和因素，分析哪些环节和因素是有利于实施，并提高实施绩效；哪些环节和因素是不利于实施，且不利于提高实施绩效。从“规划实施绩效”视角进行研究，无疑是一次研究视角的尝试和创新，这有利于拓展我国发展规划研究的新思路，从学理上发展和丰富我国发展规划理论体系。

本研究首次尝试采用定量研究方法丰富发展规划决策机制研究，探寻其内在规律。目前关于发展规划决策机制的研究多数是理论研究和规范研究，少数采用案例研究。此外，采用定量方法研究公共政策决策机制非常少见，更别说研究发展规划决策机制。② 本研究尝试采用定量研究方法，一是丰富发展规划决策机制研究方法；二是可以对目前关于规划编制决策“似有道理”但又难以决断的多种说法进行澄清；三是对

① Bezdek J., Spillman B., Spillman R., “A Fuzzy Relation Space for Group Decision Theory”, *Fuzzy Sets and System*, 1978, 2 (1): 255-268.

② 作者较早通过定量化研究发展规划，相关成果发表在《中国软科学》《软科学》《电子科技大学学报》（社会科学版）等。

丰富发展规划决策机制的基础理论研究、应用基础研究和具体问题研究等大有裨益。

研究发现，从对规划实施绩效的影响来看，衔接协调和适时调规对规划实施绩效的总体效应分别排第一（0.167）和第三（0.084），第二是科学化（0.087），第四是民主化（0.061），第五是法治化（0.042）。这正好证明了发展规划跟一般的公共政策不同，发展规划编制决策尤其要注重“整体理性（衔接协调）”和“动态理性（适时调规）”。我国有“三级四类”规划，是“规划之国”，但只有发挥整体理性，衔接协调好各级各类规划，才能发挥规划合力，真正实现“规划治国”。另外，发展规划周期长，内容涉及方方面面，需要动态监测评估发展规划的方案是否适应变化了的环境，是否需要根据实际情况进行适当修订，这就是要强调动态理性（适时调规）。

研究发现，民主化、科学化、法治化、衔接协调和适时调规的作用机制有明显差异。

第一，民主化机制只对决策共识而非文本质量产生显著正向影响。研究发现，通过民主化机制，既自下而上反映社会公众未来五年具体的民生需求，以及部门和地方未来五年的发展诉求，也自上而下理解并认同国家未来五年的发展思路、发展理念。国家未来发展战略、部门及地方发展诉求、社会公众民生需求三者之间交流、碰撞，最终形成政治共识、政策共识和社会共识。发展规划决策过程中，人民代表大会提前介入规划征求意见，取得他们的认同，这极大提高了人代会上人大审议通过的效率，体现了中国民主决策的特色和优势。但是，民主化征求意见的座谈会，由于参与的同级部门、下级地方、社会公众、人大、政协等主体多，造成每个主体发言时间短，只能提出粗浅零散的浅层次意见或发展诉求，无法进行深入系统的论证。因此，民主化不对文本质量产生显著正向影响。

第二，科学化机制只对文本质量而非决策共识产生显著正向影响。研究发现，科学化决策对文本质量的影响主要体现在，一是有利于正确分析环境和谋划未来发展思路；二是有利于科学设定发展指标；三是有利于项目策划包装、纳入上级或国家发展规划。但是，发展规划的思路、定位、指标等核心要素的确定是需要长期进行宏观研究，具备开阔视野和丰富决策经验的决策者进行反复讨论、对比论证确定的。而决策者主要是国家或地区党政一把手、分管发改委（局）领导和发改委（局）核心成员。他们的特点是规模小、级别高，尤其是代表整体利益，而不具备部门（地方）利益，因此科学化论证过程并不是各部门（地方）从个体角度表达诉求、考虑各部门（地区）发展的过程，因此，科学化没有对决策共识产生显著影响。

第三，法治化机制只对文本质量而非决策共识产生显著正向影响。研究发现，法治化涉及起草、衔接、论证、审批、发布等程序。起草程序分为前期研究、形成基本思路、建议起草、纲要编制四大阶段，保证发展规划从雏形到成熟到细化。衔接程序确保规划体系的整体质量，形成规划合力；论证程序进一步提高核心指标、重大项目的科学性。但因为无法确切保证每个程序中参与征求意见的各部门（地方）的覆盖面、参与意愿以及诉求吸纳情况，因此法治化对文本质量而非决策共识产生显著影响。

第四，衔接协调对决策共识和文本质量均产生显著正向影响。研究发现，衔接协调过程，就是自上而下贯彻发展理念、发展思路，自下而上反映民众和地方的发展诉求，以及平级之间相互协调的过程，利于决策共识达成。同时，衔接协调有利于文本质量的提升，一是避免规划打架，形成规划合力；二是利于将重大项目、重大工程和重大改革政策等内容纳入上级或国家规划当中，以获取上级或国家在未来五年更多的政策、资金支持，并提升相关工作的战略地位和合法性；三是对于需要上级或国家统一协调布局的基础设施、战略资源开发等进行衔接，否则单凭一个地区的能力、资源无法支撑规划目标的实现。

第五，适时调规对决策共识和文本质量均产生显著正向影响。适时调规的过程，就是根据新形势、新要求，根据各部门（地方）的需求，结合中期评估结果对要调整的内容（包括指标）进行科学论证，因此法治化既利于提高文本质量，也利于达成决策共识。

研究发现，决策共识和文本质量是发展规划决策机制影响实施绩效的重要中介变量。

数据结果显示，决策共识和文本质量对规划实施绩效均产生显著正向影响。良好的决策共识有利于营造良好的规划实施氛围和提高规划实施效率。良好的文本质量有利于制定科学的具体政策支撑规划目标完成，也有利于发挥多元主体的作用助推规划目标完成。

本研究首次对利益型公共政策和知识型公共政策二者的不同进行了区分。① 研究发现，从知识属性角度看，发展规划是指导地区长远发展，带有思想性、战略性、方向性的公共政策，属于知识型政策，决策过程中主要是知识分歧。发展规划决策过程的知识分歧能促进决策参与者通过调研、讨论等形式对问题进行更深层次的思考、学习，有利于达成清晰的共识。此外，制度化编制程序和足够的论证周期，利于发展规划决策达成择优的共识。清晰且择优的决策共识有利于提高规划实施效率，因为清晰的决策共识和高质量的规划文本方案，会避免在执行过程中由于利益纠纷出现“执行协商”的低效率现象，而择优的共识是入脑入心的，共识就会成为地方和部门的自觉行动。

研究发现，从主体来划分，发展规划决策共识包括党政和社会两大层面的共识，其中，党政层面共识又包括以决策层为主体达成的政治共识，以及以编制层为主体达成的政策共识。发展规划编制决策过程中，只有达成决策层的政治共识，才能团结领导班子、避免重大决策失误，制定出高质量的发展规划；只有达成编制层的政策共识，规划才能反映部门和地方发展诉求，得到部门及地方坚决贯彻执行，提高实施绩效；只有达成咨询层的社会共识，规划才能反映人民群众的基本诉求，群众的合法性基础才会更强，利于规划的实施。

研究发现，从政策体系来看，高质量的发展规划有利于自上而下制定

① 作者的相关研究成果已经发表在《公共管理学报》2018 年第 3 期。

科学的具体政策。通过每一个科学的具体政策目标的完成，才能自下而上高质量完成规划目标。从治理体系来看，高质量的发展规划通过激发政府、市场和社会等多元主体的作用助推实现规划目标。

第二章

文献综述

虽然我国已经编制并实施了十四个五年规划（计划），但是相关决策研究成果却仍然较少。关于发展规划决策的已有研究主要是从纵向历史比较和横向国内外对比两个角度进行梳理，此外也有零星的针对决策机制的研究。鉴于相关研究成果较少，为了给本研究提供更多启发，本书将文献综述范围扩展到一般的公共政策。梳理发现，国内外学者关于我国公共政策决策机制研究主要包括决策主体、决策议程、决策过程和“决策与执行”系统分析等四个视角。本部分最后对已有研究进行总的述评，并提出本研究的理论拓展空间。

一　发展规划决策相关研究

美国学者弗兰西斯·福山曾经在《历史的终结》中提出“共产主义失败论”和“自由民主是人类意识形态发展的终点”。但是20年后他修正了自己的观点：“中国的成功在于其政治体制能够迅速做出重大、复杂的决策，并有效实施决策，至少在经济政策领域是这样。”① 弗朗西斯·福山20年后修正后的观点仍较片面，中国的政治体制不但是能够迅速地作出决策，而且能够长期稳定围绕既定目标（如实现现代化、全面建成小康社会等）去做重大决策。正如美中商会前主席詹姆斯·麦格雷戈所认为的，美国可以向中国学习的就是像中国一样设定目标、制定计划。中国有自己的五年计划，并时刻牢

① 转引自胡鞍钢《从政治制度看中国为什么总会成功》，《人民论坛》2011年第6期。

记这些目标，一步一步地把国家推向前进。① 可以说，中国发展规划已经成为中国成功的一个关键性要素，是中国的重大公共政策之一。那么，中国的发展规划决策是如何作出的？内在机制是什么？

目前关于发展规划的研究可以划分为纵向历史比较和横向国内外对比两个角度。

从纵向历史比较来看，刘国光总结梳理了“一五”至“十五”计划的编制、实施过程，以及实施结果。② 总结来看，十个五年计划的决策经验主要有：（1）由于信息真实度、准确度、广泛度等受影响，导致决策科学程度受到影响；（2）决策过程缺乏社会公众的广泛参与；（3）受政治斗争、政治运动影响，计划的科学决策受到极大干扰；（4）五年计划的完成情况评估不准确，导致无法为下一个五年计划的编制决策提供良好的基础。③ 曹文炼等对“一五”计划到“十三五”规划的编制和实施的情况进行回顾，并总结经验和教训④，梳理的方式方法与刘国光类似。与刘国光、曹文炼等学者梳理方式不一样，孟芊在掌握历史资料基础上，按照“编制主体—编制过程—编制结果”的分析框架对十二个五年规划（计划）的演变进行归纳分析。⑤ 按照编制主体分，由少数决策到集体决策，包括准备阶段（“一五”）、徘徊阶段（“二五”至“五五”）、重建阶段（“六五”至“八五”）、完善阶段（“九五”至“十二五”）；按照编制过程分，由经验决策到制度化决策，包括制度化萌芽阶段（“一五”）、制度化破坏阶段（“二五”至“五五”）、制度化重塑阶段（“六五”至“八五”）、制度化稳定阶段（“九五”至“十二五”）；按照编制结果分，从模仿苏联到中国特色，探索阶段（“一

---

① 参见［美］詹姆斯·麦格雷戈《美国可向中国学习的五件事》，《参考消息》2009年11月15日。

② 刘国光：《中国十个五年计划研究报告》，人民出版社2006年版。

③ 刘思源：《中国十个“五年计划”经验教训的总结——访著名经济学家、中国社会科学院原副院长刘国光》，《上海党史与党建》2005年第6期。

④ 曹文炼、张力炜：《共和国的脚步：“一五”至“十五”计划编制与实施的历史回顾》，东方出版社2021年版。

⑤ 孟芊：《我国发展规划形成机制研究——以“十二五”规划为例》，博士学位论文，清华大学，2012年。

五”）、挫折阶段（“二五”至“五五”）、恢复阶段（“六五”至“八五”）、成熟阶段（“九五”至“十二五”）。王绍光、鄢一龙通过考察研究“一五”计划到“十二五”规划的编制决策过程总结认为，我国五年规划（计划）经历五代决策模式演变：内部集体决策（“一五”至“二五”前期）、一言堂决策模式（“二五”后期至“四五”）、内部集体决策重建（“五五”至“六五”）、咨询决策（“七五”至“九五”）、集思广益决策（“十五”至“十二五”）。集思广益决策模型认为中国五年规划在基本思路研究、《建议》起草、《纲要》编制三个阶段均要经历“屈群策”“集众思”“广纳言”“合议决”“告四方”五个环节，把不同层级、不同主体的利益诉求、意见建议逐步集中、收敛，最终达成行政层面和社会层面的广泛共识。①

从横向国内外比较来看，王绍光、鄢一龙将中国规划决策机制（以“十二五”规划为例）与印度的规划决策机制（以“十一五”规划为例）进行对比分析发现，从决策权的集中度来看，印度的规划决策权较为集中，属于总理领导下的行政系统，国会较少参与；中国是政治局常委集体领导下的国家各机构共同决策；从决策咨询范围来看，印度征求地方和民众的次数不多，而中国是在前期研究、基本思路研究、建议起草和纲要编制等四个阶段广泛征求各方面的意见；从征求民众意见来看，印度主要是有资源、有能力的组织以及个人由外到内参与规划的编制决策，企图体现自己的利益。中国更多的是由内到外的逆向参与，由政治局常委带头密集到全国各地方开展调研，或者邀请有代表性的民众参与规划座谈会，以听取民众的意见，了解民众的需求。② 沈凌对比中国和欧盟规划决策发现：从政党的作用发挥来看，中国共产党在规划决策过程中发挥了重要的作用，而欧盟中的政党作用发挥有限；从规划决策主体作用来看，中国是由发改委牵头编制发展规划，由全国人大权力机关通过，欧盟是由欧盟委员

① 王绍光、鄢一龙：《中国民主决策模式：以五年规划制定为例》，《马克思主义研究论库》第一辑，中国人民大学出版社 2015 年版，第 51 页。

② 王绍光、鄢一龙：《中国民主决策模式：以五年规划制定为例》，《马克思主义研究论库》第一辑，中国人民大学出版社 2015 年版，第 171—190 页。

会以及下属各类委员会和成员国组织负责编制，由各国首脑参加的欧盟理事会负责通过；从决策体制来看，欧盟决策体制的突出特点是多元互动，缺乏强有力的权力中心驾驭、把控决策过程和结果，中国共产党在规划制定过程中拥有绝对的领导权、决定权；从智库专家参与来看，欧盟的智库相对于中国独立性较强，擅长定量化分析、拥有完善的决策咨询制度保障；从社会公众参与来看，由于欧盟在规划相关信息公开上做得比较靠前，欧盟的社会公众参政议政的意愿、能力也比中国公众要强。①

除了以上纵向和横向比较之外，也有其他零星的针对发展规划决策机制的研究。陈升等通过案例研究发现，规划决策共识的动力是分歧，推动政策参与者通过调研、讨论等形式学习知识、转变观念，促进形成相对准确的共识。开展专题调研有利于解决事实性知识分歧，决策者掌握整体性知识和丰富的决策经验有利于解决观点性知识分歧。事实性知识共识达成过程是接近线性的，观点性知识共识达成过程是非线性的。②

梳理以上研究后发现：刘国光和曹文炼等更多的是对诸多历史资料进行回顾，恢复了五年规划（计划）的决策、实施过程全貌，并没有理论上研究提炼五年规划的决策机制。孟芊则对五年规划（计划）的决策特征进行分类、归纳、总结。王绍光和鄢一龙等学者进一步对其决策特征进行提炼。但王绍光和鄢一龙等学者提出的集思广益解释模型存在一个潜在逻辑，即只要经过这五个步骤就自然而然形成相对准确的广泛的共识。③ 这类似于 Lasswell 和 Brewer 等学者提出的阶段论，本质是线性思维看待政策过程，认为只要经过一定的按部就班的程序就能成功制定政策，④ 忽略了各阶段之间、各因素

---

① 沈凌：《中共执政决策机制研究——以中欧发展规划决策为例》，博士学位论文，中共中央党校，2014 年。

② 陈升、刘泽、杨永恒等：《基层知识型公共政策决策机制理论建构——基于 B 县“十三五”规划编制的案例研究》，《公共管理学报》2018 年第 3 期。

③ 陈升、刘泽、杨永恒等：《基层知识型公共政策决策机制理论建构——基于 B 县“十三五”规划编制的案例研究》，《公共管理学报》2018 年第 3 期。

④ Lasswell H. D. , *The Decision Process*, College Park: University of Maryland Press, 1956. Brewer G. D. , “The Policy Science Emerge: to Nurture and Structure a Discipline”, *Policy Science*, 1974, 5 (3). 赵静：《决策删减——执行协商：中国山西煤炭产业政策过程研究》，博士学位论文，清华大学，2014 年。

之间的因果关系，以及各个阶段有可能是反复、交叉甚至是相互作用①，也忽略了决策过程与众不同的政治含义；② 王绍光、鄢一龙和沈凌从决策主体（权利）、决策过程、决策咨询、公众参与等角度对中国规划和印度规划、欧盟规划的异同点对比研究，更多是借鉴欧盟规划、印度规划决策的长处，但这无益于我们从理论高度提炼中国发展规划的决策机制；陈升等学者对规划决策机制的研究只是某个县级层面的案例，没有涉及其他地区或更高层面发展规划决策研究，因此亟待开展更多更丰富的相关研究。

总体来看，相对于城市规划发展成为了一门应用性学科，研究理论成果丰富③，发展规划还没有形成完整的学科，相关学科体系和知识体系亟待构建。更值得注意的是，与我国发展规划带来的中国发展奇迹受到持续关注相对比，目前国内外对我国发展规划理论研究远远不够。相关研究缺乏的原因有很多，从国外来看，主要是很多西方学者寄希望于中国“取消计划”或者“从计划转型到市场经济”，因此忽视了对计划的作用的研究。④ 从国内来看，主要是国内的学者缺乏该领域理论研究的自觉。

二 公共政策决策相关研究

发展规划是中国政府最重要最具有代表性的公共政策之一。⑤ 鉴于相关发展规划决策机制的研究成果较少，本研究将文献综述范围扩展到一般的公共政策，希望通过梳理目前公共政策的决策机制研究为深化发展规划决策机制研究提供启发。实际上，中国在外交、能源、农业、教育、医疗

---

① Sabatier P. A.，“An Advocacy Coalition Framework of Policy Change and the Role of Policy-Oriented Learning Therein”，*Policy Sciences*，1988，21（2）.

② ［美］查尔斯·林德布洛姆：《决策过程》，上海译文出版社1988年版，第47—70页。

③ 张庭伟：《转型时期中国的规划理论和规划改革》，《城市规划》2008年第3期。

④ Chai，Joseph C. H.（ed.），*China：Transition to a Market Economy*，Oxford：Oxford University Press，1998. Naughton，Barry，*The Chinese Economy：Transitions and Growth*，Cambridge，MA：MIT Press，2007. Chow，Gregory C.，*China's Economic Transformation*，Malden，MA：Blackwell，2007.

⑤ 王绍光、鄢一龙、胡鞍钢：《中国中央政府“集思广益型”决策模式——国家“十二五”规划的出台》，《中国软科学》2014年第6期。

等不同领域的政策决策上既高效又稳妥[①]，政策效能处于全球前列[②]，因此中国的决策体制是理解新中国成立以来，尤其是改革开放以来取得举世瞩目成就的重要的动力机制。[③] 国内外学者从 20 世纪 60 年代就开始研究我国公共政策决策机制，并形成了决策主体、决策议程、决策过程和“决策与执行”系统分析等四个视角。

（一）决策主体视角

决策主体视角主要是将研究的重点放在决策主体上，强调权力、信息、知识、能力、关系等对决策者的影响。决策主体视角研究经历了由“政治精英”到“官僚组织”再到“多主体互动”的演变，研究的对象视野不断扩大。

政治精英视角。该视角最早始于 20 世纪 60 年代西方对毛泽东、邓小平、陈云等党和国家领导人的研究。[④] 这一理论的核心观点是高层政治精英从程序上和制度上决定中国的政策决策过程。[⑤] 精英模式认为，中国的精英决策是政治精英处于绝对主导地位，其他领导人影响相对较弱。精英决策是以理性为基础，为了达到个人或者集体的目标最大化进行决策。[⑥] 对于中国而言，中国的精英决策带有“内输入”的特征，即精英代表人民大众进行利益综合、梳理和表达。[⑦] 直到现在，中国的精英对中国政策过

---

① 薛澜、赵静：《转型期公共政策过程的适应性改革及局限》，《中国社会科学》2017 年第 9 期。

② 樊鹏：《中国式共识型决策模式揭秘》，《北京日报》2013 年 8 月 26 日。

③ 王绍光、樊鹏：《中国式共识型决策：“开门”与“磨合”》，中国人民大学出版社 2013 年版，第 3 页。

④ Klein，Donald，*Sources for elites Studies and Biographical Materials on China. in Robert Scalapino*，*ed. Elites in the People's Republic of China*，Seattle：University of Washington Press，1962，pp. 609－656. Bachman，David，*Chenw Yun and the Chineses Political System*，Berkeley and Los Angeles：University of California Press，1985.

⑤ ［美］阿尔蒙德、小鲍威尔主编：《当代比较政治学——世界展望》，商务印书馆 1993 年版，第 544—627 页。

⑥ Allison，T. Graham，*Essence of Decision*：*Explaining the Cuban Missile Crisis*，Boston：Little Brown，1971：18.

⑦ 胡伟：《政府过程》，浙江人民出版社 1998 年版，第 149 页。

程的影响力还是存在的。正如李国强所指出的，经历改革开放后的较大变化，中国的精英决策这一特点依然没有过时。[①] 虽然精英决策在中国没有过时，但出现两个特征的演变：一是中国精英决策模式逐渐向“政治+知识+经济”三类精英合作的趋势转变，政治精英依然会长期占据主导地位；二是我国的第二代、第三代、第四代党和国家决策高层更注重集体领导、集体决策，高层领导群体决策力量越来越大，同时智库专家、社会群体对政策决策的影响也日益变强，“精英主导”逐步向“专家、大众参与”转变。[②] 但正如薛澜、陈玲所言，精英决策存在两个方面的不足，一是受时间、精力的影响，精英决策无法自始至终；二是受专业和信息的限制，精英决策可能发生偏差甚至是错误。[③]

官僚组织视角。与精英决策视角认为决策权力集中于高层精英这一观点不同，官僚组织视角认为决策权力集中在官僚组织之间。比较有代表性的是“碎片化威权主义”解释模型。“碎片化威权主义”是奥克森伯格和李侃如将国外“科层模式”[④] 与中国政策结合的研究成果，是改革开放后国外关于中国政府政策决策最有说服力的解释模式。[⑤] 该模型认为中国政策决策权分散于不同的部门，呈现碎片化特征[⑥]，但不同机构有不同的利益取向、掌握着不同的权利，互相之间制衡[⑦]，导致政策决策在官僚组织之间不

---

① 李国强：《精英决策与中国政治体制改革》，徐湘林：《渐进政治改革中的政党、政府与社会》，中信出版社2004年版。

② 魏淑艳：《中国的精英决策模式及发展趋势》，《公共管理学报》2006年第3期；魏淑艳、孙峰：《“多源流理论”视阈下网络社会政策议程设置现代化——以出租车改革为例》，《公共管理学报》2016年第3（2）期。

③ 薛澜、陈玲：《中国公共政策过程的研究：西方学者的视角及其启示》，《中国行政管理》2005年第7期。

④ ［美］格雷厄姆·阿利森、菲利普·泽利科：《决策的本质：解释古巴导弹危机》，北京大学出版社2008年版。

⑤ 杨鸣宇：《超越“碎片化威权主义”？——评〈中国式共识型决策：“开门”与“磨合”〉》，《山东行政学院学报》2014年第7期。

⑥ Lampton D. M.，“Chinese Politics：The Bargaining Treadmill”，*Issue and Studies*，1987（3）：11－41.

⑦ Kenneth Lieberthal，Michael Oksenberg，*Policy Making in China：Leaders，Structures，and Processes*，Princeton University，1988.

容易协调成功①。“碎片化”导致部门之间职权分割、沟通效率低下②，这有点类似于曾任美国中央情报局资深分析师的 Miller 所说：美国破碎的、不稳定的制度导致三权分立引发的否决政治③，并导致自 1974 年《预算与会计法案》，共出现 21 次美国政府停摆④。同样的情况也曾发生在印度，印度政府、议会党团、司法之间相互否决，导致在 2011—2012 年连续 18 个月没有任何“政治议程”，出现“政治瘫痪”⑤。在“碎片化威权主义”解释模型下面，不同学者分别发展出“讨价还价”模型⑥、“各自为政”模型⑦和“竞争性说服”模型。⑧“碎片化威权主义”只对部分非程序化决策出现间断式变迁具备解释力。同时，“碎片化威权主义”解释模型下达成的共识是模糊共识，形成的政策是模糊政策。但实际上，改革开放以来，我国在数十年内就陆续推行医疗改革、住房保障、养老保障等重大政策，而这在其他国家往往需要几十年甚至上百年才能完成。很明显，“碎片化威权主义”不能解释中国政府能迅速作出并实施重大复杂决策的现实。⑨

“碎片化威权主义”解释模型认为中国的决策权分散于不同系统之间，是从纵向角度看待中国决策权力的分布和关系。而“司长策国论”理论解

① 杨鸣宇：《超越“碎片化威权主义”？——评〈中国式共识型决策：“开门”与“磨合”〉》，《山东行政学院学报》2014 年第 7 期。

② 樊鹏：《“否决玩家”与香港政治体制的“碎片化”》，《文化纵横》2016 年第 2 期。

③ H. Lyman Miller. Politics Inside the Ring Road: On Sources and Comparisons [A]. in Carol Lee Hamrin and Suisheng Zhao, eds. , Decision-Making in Deng's China: Perspectives fromInsiders , M. E. Sharpe, 1995: 225.

④ 孙迎春：《从“政府停摆”透视美国联邦政府治理体系和治理能力》，《行政管理改革》2019 年第 3 期。

⑤ “Political Paralysis Takes toll on India's Economy”, *International Herald Tribune*, 2012 – 05 – 30.

⑥ Dahl R. A. , *Politics*, *Economics and Welfare*, New Brunswick, U. S. A. : Transaction Publishers, 1992: 54.

⑦ Lampton D. M. , *Health*, *Conflict*, *and the Chinese Political System*, Center for Chinese Studies, University of Michigan, 1974: 78.

⑧ Halpern Nina P. , “Information Flows and Policy Coordination in the Chinese Brureaucracy”, In Kenneth Lieberthal and David Lampton ed. , *Bureaucracy*, *Politics* , *and Decision Making in Post-Mao China*, Berkeley and Los Angeles: University of California Press, 1992: 125 – 148.

⑨ 樊鹏：《从中美决策体制比较看中国制度优势》，《党建》2014 年第 8 期。

释模型认为，由于最高决策者受到时间、精力、信息、知识等方面的限制，政府内部司局级等官僚成为政策制定的主要角色。① 这是从横向角度分析中国决策权力的分布和关系。“司长策国论”重点不是阐述厅局级领导如何作出决策，而是论证为什么在中国是厅局级领导主导大多数政策的决策。朱旭峰从以下三个方面进行充分论证：一是时间、精力受限导致最高决策者无法全面掌握信息和知识；二是厅局级官员属于部级官员和处级官员之间的“结构洞”，拥有更多的信息资源、决策资源和拍板机会；三是部级领导虽然是政策起草的牵头人，但是一般不参与过程中的政策会议，只是听取厅局级领导的单独汇报。而厅局级领导一般都是政策制定取得阶段性成果或者最终成果才向部级领导汇报。

多元主体互动视角。以上的研究对象主要集中在政治精英、官僚组织，其他研究则将关注点放在多主体互动对政策决策的影响，比如“中央—地方”互动视角、“政府—人大”互动视角、“政府—专家—公众”互动视角。

“中央—地方”互动视角。苏利阳和王毅通过研究“十一五”以来节能政策的出台，总结出“央地互动型”决策过程模型。② 他们认为中国政策制定呈现“高层驱动、行政主导、央地互动”的特点。面对具体不同的政策制定，又表现出不同的特征，如“央地协商下的妥协模式”“中央主导下的寻优模式”“地方实践注入中央政策的学习模式”等。其他研究“央地关系”的学者也提炼相应的解释框架，比如 Heilmann 的“分级制试验”，认为由中央主导地方进行试验，并上升到中央决策③；王绍光根据推动者（决策者或政策倡导者）和学习源（实践或实验）两个维度区分出的四类学习模式，得出以下几个重要结论：地方实践是制定不同政策的重要学习源；80 年代以

---

① 朱旭峰：《“司长策国论”：中国政策决策过程的科层结构与政策专家参与》，《公共管理评论》2008 年第 7（3）期。

② 苏利阳、王毅：《中国“央地互动型”决策过程研究——基于节能政策制定过程的分析》，《公共管理学报》2016 年第 3（3）期。

③ Heilmann S.，“Policy Experimentation in China's Economic Rise”，*Studies of Comparative and International Development*，2008（1）：1 - 26.

后，干预性试验是制定更广范围政策的学习源；80 年代以后，包括地方政府在内的政策倡导者在政策制定中发挥的作用越来越大。[①] 宋雅琴和古德丹研究中国“十一五”规划中央和地方节能主要指标制定过程发现，实践中，以地方为主导自下而上制定指标极有可能变为以中央为核心自上而下分配。[②]

“政府—人大”互动视角。我国制定公共政策的核心和主体是政府部门，人大参与公共政策的范围较小（比如发展规划、国家预算案和重大人事政策等）[③]，而且人大一直被认为是发挥“橡皮图章”的作用[④]。朱亚鹏等学者通过研究某省残疾儿童保护政策立法过程研究发现，现实当中，人大和政府主要领导面临着政治地位、资源、权力不对等的情况，要达成共识取决于人大专门委员会的关键作用。专门委员会是地方政府和地方人大的沟通协调者，同时会通过寻找同盟者、变换身份、发觉渠道等方式影响政策制定走向，最重要的是在关键时候通过制造否决威胁形成自下而上的立法压力，促成地方政府和地方人大之间跨系统、非对称的立法协商，达成共识。[⑤]

“政府—专家—公众”互动视角。政府在政策制定过程中虽然占据主导，但随着政策制定对知识专业化的需求越多，越需要各类专家的参与。同时，社会媒体的发达和公民意识的崛起，公民对政策制定的介入越来越多。朱伟构造了一个“政策类型—政策框架”的理论框架分析政府、专家和公众三者的互动[⑥]。按照“政策的公众接受度”和“政策的专业技术性

---

① 王绍光：《学习机制与适应能力：中国农村合作医疗体制变迁的启示》，《中国社会科学》2008 年第 6 期。

② 宋雅琴、古德丹：《“十一五”开局节能、减排指标“失灵”的制度分析》，《中国软科学》2007 年第 9 期。

③ 洪静：《立法机构在公共政策制定中的功能与作用——韩国国会与中国全国人大的比较》，《北京行政学院学报》2012 年第 5 期。

④ 王绍光、鄢一龙：《中国民主决策模式：以五年规划制定为例》，《马克思主义研究论库》第一辑，中国人民大学出版社 2015 年版，第 166 页。

⑤ 肖棣文、姜逾婧、朱亚鹏：《如何形成政策共识：社会政策立法过程中的协商政治——以南方省残疾儿童保护政策立法为例》，《政治学研究》2016 年第 2 期。

⑥ 朱伟：《政策制定过程中官员、专家、公众的互动模式——基于政策“类型—过程”理论框架的分析》，《南京工业大学学报》（社会科学版）2013 年第 12（3）期。

要求”两个维度划分了四个模式（见表 2. 1），分别是“多元平衡模式”“理性主导模式”“价值主导模式”“自主决策模式”。

表 2. 1　　**公共政策制定的四种模式**

技术知识要求＼公众接受要求	高	低
高	多元平衡模式	理性主导模式
低	价值主导模式	自主决策模式

资料来源：朱伟：《政策制定过程中官员、专家、公众的互动模式——基于政策“类型—过程”理论框架的分析》，《南京工业大学学报》（社会科学版）2013 年第 12（3）期。

总体来看，决策主体视角强调了政策的制定过程中政治精英、官僚组织、政府内外部关系的作用，对于中国政策制定具有一定的解释力。当然，这一视角也有一定的局限性：第一，中国的公共政策，尤其是类似于发展规划这样的重大公共政策，不是由一个或者少数几个人或组织来作出，而是很多需要政府内部不同的层级和部门的主体，以及政府外部的专家、公众共同作用下作出的，显然决策主体视角低估了这一点；第二，诚然过去制度不完善，更多的是“人治”，但现在已经逐步完善了相关制度，过去的非程序化决策逐步转变为程序化决策，尤其是发展规划的编制具备固定的周期、程序，因此仅仅将研究重点放在决策主体，而忽略决策制度，是不完整的。

（二）决策议程视角

政策议程是连接政策议题和政策制定的重要一环。① 决策议程视角侧重从议程设定过程及其背后的作用机理来刻画和解释决策过程②，试图说明为何有些议题能够进入政策决策环节，而其他议题则不能。目前西方学

---

① 徐晓新、张秀兰：《共识机制与社会政策议程设置的路径——以新型农村合作医疗政策为例》，《清华大学学报》（哲学社会科学版）2016 年第 31（3）期。

② 钟开斌：《认知—心理、官僚—组织与议程—政治——西方危机决策解释视角的构建与发展》，《世界经济与政治》2007 年第 1 期。

者研究政策议程的理论主要分为四种：阶段发展理论、议程设置理论、多源流分析模型和触发机制理论。① 而国内学者结合中国情境的研究主要集中在议程设置理论和多源流分析模型。

国内研究政策议程议题较早的学者是王绍光。如王绍光所言，政府所拥有的资源有限，什么样的社会问题能提上政策议程转变为政策问题就成为关注的焦点。王绍光按照议程提出者身份和民众参与程度两个重要维度划分，区分出包括关门、内参、上书、动员、借力和外压等六种政策议程设置模式（见表2.2）。徐增辉和刘志光指出了影响政策议程的影响因素，包括社会公众对社会问题认识的广度和深度、政策议程设置模式、触发机制范围、强度和时机、决策主体的价值偏好。②

表2.2　**公共政策议程设置模式**

		议程提出者		
		决策者	智囊团	民间
民众参与程度	低	关门模式	内参模式	上书模式
	高	动员模式	借力模式	外压模式

资料来源：王绍光：《中国公共政策议程设置的模式》，《中国社会科学》2006年第5期。

多源流理论重点阐述的是要素的输入和汇集会产出议程③，因此多源流模型既是政策过程决策理论也是议程设置理论。④ 但毕竟多源流模型是由国外学者提出来的，属于西方舶来品，不一定符合中国的制度背景和具体情境，因此，国内很多学者通过修正多源流模型来解释中国政

① 刘伟：《政策议程研究的代表理论及其评析》，《湖北社会科学》2011年第10期。

② 徐增辉、刘志光：《政策议程设置的途径分析》，《学术研究》2009年第8期。

③ 文宏、崔铁：《中国决策情境下的多源流模型及其优化研究》，《兰州大学学报》2014年第16（5）期。

④ 杨志军：《模糊性条件下政策过程决策模型如何更好解释中国经验？——基于“源流要素+中介变量”检验的多源流模型优化研究》，《公共管理学报》2018年第15（4）期。

策议程的设置。黄俊辉和徐自强研究《校车安全条例（草案）的政策议程发现，与国外情景不同，中国情景下的问题流、政策流和政治流存在相关和先后关系（如问题流引起政治流等），并不是完全独立；同时，各个源流的边界模糊，国内的政策企业家可能是学者、企业代表，也可能是“两会”代表，切换身份活跃于政策源流和政治源流之间。[①] 于永达和药宁进一步结合国务院机构改革案例挖掘中国情景下多源流的“中国特色”，即媒体管制对问题流真实性的影响；不同于西方政党为了竞选主动迎合选民情绪，中国共产党长期执政，会从长远引导国民情绪；中国共产党长期执政对政策的连贯性要求较高，政策源流提出的政策方案必须跟已有政策具有兼容性；中国的三股源流独立性不强，而且中国核心领导层能够影响政策窗口的开启和政策走向。[②]

网络时代的到来创造了广阔的网络舆论空间，打造了与现实社会一样复杂的网络空间，对政策议程设定产生了重要影响。[③] 王绍光认为所概括的六个模式中，随着网络媒体的涌现，外压模式逐渐兴起，但是王绍光只是简单预言了趋势，没有具体说明网络时代政策议程变化的特征、机制和趋势。[④] 陈姣娥和王国华研究认为，网络时代中国的政策议程设置出现由“自上而下”转向“自下而上”，由单向性方向转向交互式方式的趋势[⑤]，但是研究仍不够深入，描述过于粗略、宏观。魏淑艳和孙峰针对全国各地“出租车事件”的案例研究认为网络多源流聚合符合当前中国的情景，网络会影响问题流、政治流和政策流，修正既有的政策议程过程；同时发现网络多源流聚合从指标构建、焦点事件演变、问题反馈，协同治理网络构建，政府民意感知

① 黄俊辉、徐自强：《校车安全条例（草案）的政策议程分析——基于多源流模型的视角》，《公共管理学报》2012 年第 9（3）期。

② 于永达、药宁：《政策议程设置的分析框架探索——兼论本轮国务院机构改革的动因》，《中国行政管理》2013 年第 7 期。

③ 朱亚鹏：《网络社会下中国公共政策议程设定模式的转型——基于“肝胆相照”论坛的分析》，《中山大学学报》（社会科学版）2010 年第 50（5）期。

④ 王绍光：《中国公共政策议程设置的模式》，《中国社会科学》2006 年第 5 期。

⑤ 陈姣娥、王国华：《网络时代政策议程设置机制研究》，《中国行政管理》2013 年第 1 期。

与回应，决策模式优化等方面开启了政策议程设置现代化之窗。①

决策议程视角结合中国情境、网络时代背景，得出丰富的研究成果。当然也存在一定的不足：第一，这一视角关注或者适合的是没有固定政策议程的政策，主要适用于偶然事件开启政策之窗，或者老大难社会问题进入政策议程②，比如教育问题③、社会治安问题④、环境治理问题⑤、住房问题⑥等特定领域。而发展规划具备固定的政策周期、政策议程，因此决策议程视角无法对发展规划进行解释。第二，政策议程视角只关注政策的开始和结束，中间的过程则被视为一个黑箱⑦，无益于我们了解发展规划的决策机制。

（三）决策过程视角

如果说政策议程视角是研究议题是如何提上议程的，那么决策过程视角是研究议题提上议程后的具体决策过程。国内目前研究中国公共政策决策过程的理论模型包括“集体决策机制”模型、“上下来去”解释模型、“共识型解释”决策模型和“制度—精英”双层结构解释模型等。

胡鞍钢提出中央的决策体系由“内脑”和“外脑”组成，“内脑”由政治局常委会、国务院、全国人大和全国政协等机构构成，“外脑”由地

---

① 魏淑艳、孙峰：《“多源流理论”视阈下网络社会政策议程设置现代化——以出租车改革为例》，《公共管理学报》2016 年第 3（2）期。

② 魏淑艳、孙峰：《“多源流理论”视阈下网络社会政策议程设置现代化——以出租车改革为例》，《公共管理学报》2016 年第 3（2）期。

③ 肖玉梅、陈兴福、李茂荣：《成人教育边缘化现象及对策探讨——多源流分析模型的启示》，《南昌大学学报》（人文社会科学版）2006 年第 2 期。

④ 容志：《基层公共决策的多源流分析———项基于上海市的实证考察》，顾丽梅：《公共政策与政府治理》，上海人民出版社 2006 年版，第 112—131 页。

⑤ 毕亮亮：《“多源流框架”对中国政策过程的解释力——以江浙跨行政区水污染防治合作的政策过程为例》，《公共管理学报》2007 年第 2 期。

⑥ 柏必成：《改革开放以来我国住房政策变迁的动力分析——以多源流理论为视角》，《公共管理学报》2010 年第 4 期。

⑦ 赵静：《决策删减——执行协商：中国山西煤炭产业政策过程研究》，博士学位论文，清华大学，2014 年。

方四套班子、专家智库、人民群众组成。中央的重要决策是集体决策，称之为“集体决策机制”，即重大问题集体讨论、集体决策，包括完善重大决策规则程序，建立决策失误责任追究、纠错改正机制，发挥民主党派参政议政的功能，主动咨询智库专家意见，等等。①

宁骚基于中国经验提出“上下来去”解释模型，政策的社会认知过程是“从客观到主观到客观”“从实践到认识到实践”“从个别到一般到个别”，政策的具体操作过程是“从群众到领导到群众”“从民主到集中到民主”“从点到面到点”。具体来看，包含政策认识的实事求是模型、政策操作的“群众—领导”模型、政策操作的“民主—集中”模型、政策操作的试验模型。②

王绍光、樊鹏研究2006—2009年中国医疗改革这一重大公共政策(也是世界性重大决策难题)，这类政策属于多主体（涉及包括党政领导人、官员、专家智库、国际组织、利益集团和一般民众在内的众多主体）、多层次（各部委、跨部委协调机构、最高领导层）、多阶段（包括政策议程设置、备选方案设计和选择、最终方案内部酝酿、政策公开征求意见、政策最后出台)，决策难度非常之高。③ 王绍光和樊鹏研究表明，这类重大公共政策主要通过“共识型决策”模式达成集体共识、形成最终方案。具体来看，“共识型决策”解释模型涉及“开门”型参与结构和“磨合”型互动机制。“开门”型参与结构主要包括“闯进来”“请进来”和“走出去”，“磨合”型互动机制主要包括“下层协商”“上层协商”和“顶层协议”。此外，王绍光、樊鹏通过参与结构和互动机制这两个维度构建了四种决策模式（见表2.3)，将共识模式与其他三种模式进行对比。相比“集体领导模式”，共识模式不但刻画出了领导集体互相之间在决策前、决策

① 胡鞍钢：《中国集体领导体制》，中国人民大学出版社2013年版，第135—139页。

② 宁骚：《中国公共政策为什么成功？——基于中国经验的政策过程模型构建与阐释》，《新视野》2012年第1期。

③ 王绍光、樊鹏：《中国式共识型决策：“开门”与“磨合”》，中国人民大学出版社2013年版。

中的“磨合”，更体现了中国政策决策不局限于少数几个领导之间；科层模式认为中国政府决策是由不同科层机构的官员决定的互相之间充满制衡，“共识型”决策模式很好刻画出中国政策决策既包括公众、智库专家、行业组织等对政策的影响，也体现了中国政府最高决策者对决策过程共识形成和最终决定的重要作用；多元模式认为利益集团之间相互竞争、相互制衡，达到均衡状态，制定出最后的政策，但最后的结果往往是实力最强的利益集团才能最终影响政策的制定；集体领导模式比较符合中国的决策模式，但相对于“共识型”模式，集体领导模式仍旧局限于高层决策主体而排除了政府外部的广泛群体，以及局限于政策过程后期而忽略了整个政策过程。杨鸣宇专门写了一篇文章“共识型决策”解释模型存在的两点不足：如何判断最广大人民群众的利益诉求，以及他们的利益诉求如何影响政策的形成；如何解释假设官僚部门主义不存在利益冲突比存在利益冲突更为合理。①

表 2.3　**决策模式对比**

		互动机制	
		制衡	磨合
参与结构	关门	科层模式	集体领导模式
	开门	多元模式	共识模式

资料来源：王绍光等：《中国式共识型决策：“开门”与“磨合”》，中国人民大学出版社 2013 年版，第 264 页。

陈玲通过对 1980—2000 年中国集成电路产业政策进行研究，提出了两个经典问题：为什么有些政策会陷入长期滞缓和混沌（间断式变迁），而有些政策突然又进行重大变迁（渐进式变迁）。② 陈玲经过案例研究发

① 杨鸣宇：《超越“碎片化威权主义”？——评〈中国式共识型决策：“开门”与“磨合”〉》，《山东行政学院学报》2014 年第 7 期。

② 陈玲：《制度、精英与共识：寻求中国政策过程的解释框架》，清华大学出版社 2011 年版。

现是“制度—精英”双层结构的互动导致政策出现滞缓或突变：制度层面发挥作用的是政策舞台，一个或几个方案自下而上逐渐收敛，由于没有高层决策者推动，容易导致政策滞缓；精英层面发挥作用的是协商网络，通过高层设立政策议程，协调各个部门机构，自上而下各个部门容易达成共识。但是由于高层领导人注意力会发生转移，有可能导致政策间断式变迁。①

表 2.4　**制度层面与精英层面的共识过程对比**

作用层面	共识过程	政策结果	共识模型
政策舞台	自下而上的意见收敛过程	渐进式变迁	简单共识模型
协商网络	自上而下的意见扩散过程	间断式变迁	科层共识模型

资料来源：陈玲：《制度、精英与共识：寻求中国政策过程的解释框架》，清华大学出版社 2011 年版，第 136 页。

陈玲在研究医改政策决策过程中发现，中国政策颁布均是达成了政策共识，但达成的共识是模糊的、折衷的，而非清晰的、择优的。② 同时，陈玲还研究了影响共识形成的影响因素。如表 2.5 所示，政策目标、价值取向和政策维度的多元化、政策的高风险等因素会影响到政策共识的最终形成。决策者的注意力转移、新的参与者进入、政策企业家持续推动会影响共识的跃变（停滞或者跳跃）。但陈玲研究的对象是医改等利益型政策而非知识型政策③，因此，她所说的折衷的共识并不适合知识型政策。同时，陈玲提到实现共识的三个策略——内部化策略、意图择优的外部竞争性策略和折衷杂糅的共识策略，并不一定得到折衷的共

① 宁骚：《中国公共政策为什么成功？——基于中国经验的政策过程模型构建与阐释》，《新视野》2012 年第 1 期。

② 陈玲、赵静、薛澜：《择优还是折衷？——转型期中国政策过程的一个解释框架和共识决策模型》，《管理世界》2010 年第 8 期。

③ 陈升、刘泽、杨永恒等：《基层知识型公共政策决策机制理论建构——基于 B 县“十三五”规划编制的案例研究》，《公共管理学报》2018 年第 3 期。

识，反而有可能得到更差的共识或者择优的共识：首先内部化策略，即成立高层次协调小组内部化部门之间的意见分歧，但是成立协调小组或者部门合并后，极有可能把部门间的利益或者意见冲突变为处室之间的利益或意见冲突，形成所谓的“部门间利益冲突内部化”①；意图择优的外部竞争性策略，正如陈玲所说，可能会寻求得到更合理的方案，或者论证已有方案的合理性并说服各方，这不是折衷而是达到择优的共识；折衷杂糅的共识策略更不是折衷，而是从不同的方案选取好的部分，总体形成择优的共识和方案。

表 2.5　**共识达成的变量与理论假设**

<table>
<tr><th>自变量</th><th>因变量</th><th>来源</th></tr>
<tr><td>政策目标、价值取向和政策维度的多元性（+）</td><td rowspan="3">共识形成难易程度</td><td rowspan="6">陈玲、赵静、薛澜：《择优还是折衷？——转型期中国政策过程的一个解释框架和共识决策模型》，《管理世界》2010年第8期。</td></tr>
<tr><td>政策自身风险程度（+）</td></tr>
<tr><td>政府部门数量和职能交叉程度（+）</td></tr>
<tr><td>决策者注意力转移（-）</td><td rowspan="3">共识实现跃变</td></tr>
<tr><td>新的参与者进入（?；取决于进入的时机和参与者的能力大小）</td></tr>
<tr><td>政策企业家的推动（+）</td></tr>
<tr><td>混合型权利分布（即部门间权利相互渗透）（-）</td><td rowspan="3">共识达成效率</td><td rowspan="5">陈玲：《制度、精英与共识：寻求中国政策过程的解释框架》，清华大学出版社2011年版。</td></tr>
<tr><td>知识分布和权利分布匹配程度（+）</td></tr>
<tr><td>政策压力（?；取决于意识形态、利益主体和制度是否具有内在一致性）</td></tr>
<tr><td>政治标准，即取得不同层级、不同部门相互之间的支持（-）</td><td rowspan="2">共识清晰程度</td></tr>
<tr><td>业务标准，政府产业部门业绩标准的模糊化（-）</td></tr>
</table>

注：“+”表示自变量和因变量呈显著正向影响关系；“-”表示自变量和因变量呈显著负向影响关系；“?”表示自变量可能正向也可能负向影响因变量，取决于其他变量。

① 杜倩博：《大部制动态调整：大部门与分立机构的双向融合》，《理论与改革》2012年第5期。

陈玲认为，为了在稳定的利益格局中取得政策的创新，并力图求得最大层面共识，在政策制定过程中会牺牲政策的清晰和理性，形成折中的模糊方案。这和徐忠的观点相似，大部分文件是由处长制定，在制定过程中处长们由于认知上的不同或者部门利益的不同会产生不一致的看法，但是迫于文件出台时限要求会把分歧拿掉，而分歧恰恰是改革需要推动的重点和难点。[①] 陈玲和徐忠的观点类似，即用政策方案的“可批（准）性”代替“可行性”[②]，但是二者消除分歧达成共识的初衷有些许差异，陈玲研究的集成电路政策的例子，消除分歧达成共识的初衷是为了避免前几次政策中断的教训，而徐忠所指的消除分歧达成共识的初衷是为了在规定时间内出台文件。但不管怎么说，政策执行需要清晰的行动导向。[③] 而为了快速达成共识、出台政策，会随意删减决策过程中的难点或争议点，执行的阶段必然会出现模糊化、讨价还价等弊病，即薛澜和赵静所说的“决策删减—执行协商”[④]。

决策过程视角的相关研究成果总体来看具备一定的深度，有以下几个特点：第一，都倾向于多元主体的互动，包括“集体决策机制”模式强调政治局常委们的互动、“上下来去”解释模型强调政府与外部的互动、“共识型决策”解释模型强调外三圈主体与内三圈决策主体的互动、“制度—精英”双层结构解释模型强调高层决策者、部门机构、政策倡导者等多主体的互动；第二，均强调制定政策决策的目的是达成共识，达成共识的过程是相互讨论凝聚各方智慧、相互协商体现各方利益的过程。但是决策过程视角在解释发展规划决策机制方面存在几点不足：第一，决策过程视角

① 徐忠：《推动经济转型和高质量发展的关键在于建立规则明确、透明、市场化、法治化的高水平的市场经济体系》（http://finance.sina.com.cn/china/gncj/2019-02-17/doc-ihqfskcp6075868.shtml），2019年2月17日。

② 陈玲：《制度、精英与共识：寻求中国政策过程的解释框架》，清华大学出版社2011年版，第138页。

③ 陈玲：《制度、精英与共识：寻求中国政策过程的解释框架》，清华大学出版社2011年版，第146页。

④ 薛澜、赵静：《转型期公共政策过程的适应性改革及局限》，《中国社会科学》2017年第9期。

的研究重点在于过程，而忽视了政策的执行结果，无法以结果来评判决策过程影响因素的好坏；第二，政策决策过程更多重视的是取得共识，如薛澜和陈玲所说，公共决策目标是为了达成最大共识而不是获取最大社会效益，但是发展规划决策既为了达成最大共识，也为了制定高质量规划文本达成最好的社会效益、组织效益。[①] 而且诸如医疗改革政策、集成电路产业政策等属于利益型政策，政策决策过程中是利益主体的互动、竞争，不符合规划编制过程的真实情况，没有证据表明规划编制有利益主体或受到利益集团影响甚至操控。[②]

（四）“决策与执行”系统分析视角

西方学者阿尔蒙德指出，政策决策与执行是两个连续的过程，决策者在政策决策过程中很难准确预知未来的事情，因此在执行过程中会给执行者细化、修正政策的权限。[③] 詹姆斯·E. 安德森提出政策决策是决策与执行互动的结果，是决策与执行相互作用的产品。[④] 因此，学界出现了把“决策”和“执行”进行系统分析的视角。

胡伟[⑤]在《政府过程》一书中，指出中国的政策是决策推动执行，执行过程中细化、反馈、纠正决策，成为所谓的“渐进决策”模式。中国在政策执行过程中，先进行政策试点，根据试点经验的总结梳理，对政策进行调整，然后逐步推广。渐进决策模式的本质是积小变为大变，导致最终政策的适应性变革，这对于国情复杂的中国而言更是如此。比如 1977 年的农村承包责任制从安徽小岗村诞生，逐步扩大试点、调整，到今天已经发

---

① 薛澜、陈玲：《制度惯性与政策扭曲：实践科学发展观面临的制度转轨挑战》，《中国行政管理》2010 年第 8 期。

② 引自 2019 年 4 月 28 日对 C 市发改委原规划处处长的访谈记录。

③ ［美］加布里埃尔·A. 阿尔蒙德、小 G. 宾厄姆·鲍威尔：《比较政治学——体系、过程和政策》，曹沛霖等译，东方出版社 2007 年版，第 258—259 页。

④ ［美］詹姆斯·E. 安德森：《公共决策》，唐亮译，华夏出版社 1990 年版，第 194—196 页。

⑤ 胡伟：《政府过程》，浙江人民出版社 1998 年版，第 149 页。

生巨大的变化。

盛宇华根据邓小平的决策思路总结出“摸着石头过河”决策模式。① 这一模式跟胡伟提出的“渐进决策”模式本质类似，具备三大特征：一是决策初期先制定笼统的总目标，在执行中不断修订完善政策，直到完成目标；二是决策系统具有反馈、学习机制，能够简化控制过程，提高政策实施效果；三是通过探索式的试验、试点、试错，逐渐找到正确的方式方法达成决策目标。

薛澜、赵静认为如果一个经过充足时间决策、分析、权衡利弊后形成的政策方案，会使得政策执行仅仅只是“实施”的过程、执行的好坏只会受到政府执行能力、组织间关系、自由裁量权、上级政府激励等因素影响。② 但是如果在应急或紧急情况下，既要面对媒体、公众的压力，又要同时处理众多亟须解决的政策难题，政府决策科学性就会受到极大约束，导致政策执行变成了利益再协调和决策再判断的过程。因此，赵静认为政策执行本质上是政策再决策，把政策决策和政策执行结合起来系统分析，在研究山西煤炭产业政策的基础上，创新性地提出“决策删减—执行协商”解释模型。③ “决策删减—执行协商”解释模型的主要理论发现是，在制度转轨时期，利益处于重大调整变动，相关领域政策出现频繁的波动甚至变迁。在政策变迁过程中，迫于政治压力和时间倒逼，政策决策有意无意淡化甚至忽略了各方面的利益诉求，导致在政策执行过程中，利益协商导致执行拖沓、讨价还价等现象。该解释模型认为在极端情况下，官员面临的政治压力是导致决策删减的重要原因。地方行政精英的自利者和代理

---

① 盛宇华：《“摸着石头过河”：一种有效的非程序化决策模式》，《领导科学》1998 年第 6 期。

② 薛澜、赵静：《转型期公共政策过程的适应性改革及局限》，《中国社会科学》2017 年第 9 期。丁煌、定明捷：《“上有政策、下有对策”——案例分析与博弈启示》，《武汉大学学报》（哲学社会科学版）2004 年第 6 期。Matland R. E.，“Synthesizing the Implementation Literature：The Ambiguity-Conflict Model of Policy Implementation”，*Journal of Public Administration Research and Theory*，1995，6（4）：445 -488。

③ 赵静：《决策删减——执行协商：中国山西煤炭产业政策过程研究》，博士学位论文，清华大学，2014 年。

者的双重角色，过度使用自由裁量权会影响政策执行和绩效。政治精英的更替会打破政策周期，迫使决策过程删减，政策执行中断。

其实，有一些学者虽然没有将决策和执行进行系统研究，但是也得出类似结论。比如 Lampton 提出的“各自为政”模型认为因为中央为了照顾全国面上的情况或者平衡各个地方的利益，制定出台的政策比较笼统、政策目标和共识比较模糊，但是各个地方和部门会根据实际情况进行变通，会出现好的结果（更广泛满足社会需求）和坏的结果（地方间、部门间协调难）。[①] 再比如宋雅琴和古德丹提出的以地方为主导自下而上指标制定过程在实践中极有可能变为以中央为核心自上而下分配过程取代，可能会发生三个不好的结果：抵消今后地方政府对正式制度的良好预期；中央制定的指标超出地方实力，导致执行不力或者“数据造假”；中央和地方互动不充分导致地方利益和意愿没有得到充分照顾，导致选择性执行等消极现象。[②]

将决策与执行结合进行系统分析，有利于从更广的意义看待决策。但是“决策与执行”系统分析视角分两种情况，一种情况是决策主体和执行主体一致，因为不存在不同主体的利益分配，因此执行过程是再追求科学决策的过程，这对于发展规划的政策过程具有借鉴意义。另一种情况是决策主体和执行主体不一致，执行过程中，各执行主体追求自身利益，往往会导致整体政策的执行效果打折扣，这一种情况不符合发展规划的情况。具体原因如下：

如赵静所说，“决策删减—执行协商”解释模型只适用于重大利益调整的政策领域和转型期制度调整阶段。因为存在利益调整，所以政治理性超越技术理性主导政策决策进程，行政精英也在自利者和代理者之间徘徊。因为处于转型期制度调整阶段，所以政策执行阶段才可能运用自由裁

---

① Lampton D. M., *Health*, *Conflict*, *and the Chinese Political System*, Center for Chinese Studies, University of Michigan, 1974: 78.

② 王绍光：《学习机制与适应能力：中国农村合作医疗体制变迁的启示》，《中国社会科学》2008 年第 6 期。

量权进行利益的协商。发展规划是国家发展战略、发展模式的主要表现形式①，“决策删减—执行协商”解释模型并不能对发展规划编制进行有效解释：第一，从制度稳定性来看，发展规划编制从模仿到创新，具有固定的政策议程、编制周期和编制程序；第二，从政策性质来看，煤炭产业政策属于利益型政策，地方政府面临的是直接的主要的物质利益（如地方经济财政收入）。发展规划是指导地区长远发展的总体性政策，具备思想性、战略性、方向性，主要是指导未来五年政府要在哪些领域、哪些方面采取哪些措施、出台哪些政策。② 因此，本质上发展规划属于知识型政策，利用整体知识来制定③，面临的分歧主要是知识分歧而不是利益分歧；第三，从执行效果来看，“决策删减—执行协商”解释模型中，在政策执行过程中，行政精英利用自由裁量权保证自身利益最大化，导致执行结果偏离最初的政策目标。这不符合发展规划的实际情况。我国“十五”计划至“十二五”规划的指标完成率由64.3%稳步提升到96%，执行结果越来越趋近于政策目标。④

三　文献评述

总的来看，目前关于中国公共政策决策的研究主要有决策主体、决策议程、决策过程和“决策与执行”系统分析等四个视角。本部分拟从分析对象、分析框架、分析方法等方面进行总的评述，并具体说明对深入研究发展规划决策机制的启发。

---

① 徐宪平：《五年一大步，我们如何一路前行》（http://www.sohu.com/a/281926051_354046），2018年12月14日。

② 胡鞍钢、姜佳莹、郎晓娟：《国家五年规划战略设计的公共政策分析》，《北京交通大学学报》（社会科学版）2018年第15（4）期。

③ 鄢一龙、吕捷、胡鞍钢：《整体知识与公共事务治理：理解市场经济条件下的五年规划》，《管理世界》2014年第12期。

④ 胡鞍钢：《五年规划与中国奇迹》，《人民政协报》2016年3月30日；胡鞍钢、鄢一龙、吕捷：《中国发展奇迹的重要手段——以五年计划转型为例（从“六五”到“十一五”）》，《清华大学学报》（哲学社会科学版）2011年第26（1）期。

第一，从分析对象来看，要清晰阐述理论框架的适用政策范围。按照决策的程序化程度不同，分为程序化决策和非程序化决策。其中，非程序化决策指的是以往未遇到过的、非结构化且对组织决策机制和程序有后续影响的决策①，如医疗改革、集成电路政策。在非程序化决策过程中，政策有时会陷入长期滞缓和混沌（间断式变迁），也有可能突然又出现重大变迁（渐进式变迁）②，这两种都属于非程序化决策。按照涉及利益程度划分，政策分为知识型政策和利益型政策。知识型政策，以发展规划和党的全国代表大会报告为代表，是指导国家或地区长远发展，带有思想性、战略性、方向性的公共政策。此类政策运用整体知识来制定③，存在的分歧更多是知识分歧而非利益分歧。当然，发展规划编制过程中，也会涉及利益之争，比如各地方政府都想争取将本地项目列入上级五年规划的盘子当中。但这种利益分歧相对发展规划编制过程中的知识运用、知识分歧而言，是间接的、次要的。利益型政策，以电子产业、医疗改革等为代表，涉及的利益是短期可见并与众多主体直接相关的，因此容易被强势利益集团绑架决策。当然，不排除该类政策的分歧也会包括知识分歧，但是对各位决策者而言排在首位的还是利益分歧。总的来看，以上的四个分析视角，除了赵静④在构建“决策删减—执行协商”解释模型时特地说明适用范围是重大利益调整的政策领域和转型期制度调整阶段，其他的研究并没有具体说明适用的政策范围。

第二，从分析框架来看，尚未形成关于发展规划决策机制完整系统的分析框架。首先，以上四个视角提到的解释模型，如精英决策、碎片化威

① Simon H. A., *Administration Behavior: A Study of Decision-Making Processes in Administrative Organization* (3rd *Edition*), New York: The Free Press, 1976.

② 陈玲：《制度、精英与共识：寻求中国政策过程的解释框架》，清华大学出版社 2011 年版，第 145 页。

③ 鄢一龙、吕捷、胡鞍钢：《整体知识与公共事务治理：理解市场经济条件下的五年规划》，《管理世界》2014 年第 12 期。

④ 赵静：《决策删减——执行协商：中国山西煤炭产业政策过程研究》，博士学位论文，清华大学，2014 年。

权主义、司长策国论、“集体决策机制”、“上下来去”、“共识型解释”和“制度—精英”双层结构、“渐进决策”、“摸着石头过河”、“决策删减—执行协商”等解释模型，都只是从某个角度对决策机制进行研究。虽然各个视角的理论框架是对不同时期、不同类型的政策进行研究得出的，但是实际研究过程中，需要综合各个理论解释模型的合理之处，做多视角的分析。[①] 发展规划属于重大公共政策之一，涉及多主体、多层级、多阶段的互动，如果只从某个阶段进行研究无法把握决策全貌。其次，王绍光、鄢一龙等学者提出了“集思广益”解释模型，仍存在进一步深化拓展的空间，应该进一步梳理出发展规划决策机制的变量，以及变量间是如何互相发展作用的？因此，为了构建一个整体的分析框架，必须在相关理论的基础上，抽取、界定各个影响因素，梳理这些因素的内在机制。

第三，从分析视角来看，要将决策与实施结果结合起来进行系统分析。已有政策决策理论的视角从主体到议程到过程再到“决策与执行”系统分析，呈现出从狭义决策到广义决策、从决策前端向决策后端延伸的趋势，利于从更宏观的视角研究决策，得出更科学的结论。发展规划是未来五年国家和地方经济社会发展的宏伟蓝图，然而该蓝图的实现主要是通过对发展规划的有效实施，不然，再好的蓝图如果不实施，就仅仅是“蓝图”而已。规划实施绩效是检验发展规划好坏，同时也是检验其决策机制好坏的重要标准。研究发展规划决策机制与规划实施绩效的关系，一方面研究发展规划决策机制通过什么关键性因素影响规划实施绩效，从决策机制方面识别影响发展规划实施绩效的关键性因素；另一个更重要的方面是以结果为导向，审视发展规划编制过程中各个环节和因素，分析哪些环节和因素是有利于实施，并提高实施绩效；哪些环节和因素是对实施和提高实施绩效不起作用，分析背后的原因，提出对策建议，进一步优化规划决策机制。目前关于规划的决策机制已有少量研究文献，但从“规划实施绩

① 赵静：《决策删减——执行协商：中国山西煤炭产业政策过程研究》，博士学位论文，清华大学，2014 年。

效”视角研究决策机制罕见。因此，本研究首次以“规划实施绩效”为视角研究我国发展规划的决策机制，无疑是一次研究视角的尝试和创新。这有利于拓展我国发展规划研究的新思路，从学理上发展和丰富我国发展规划理论体系。

第四，从研究方法来看，目前的研究以定性研究为主、定量研究成果极少。以上的相关研究，除了朱旭峰关于“司长策国论”是基于调研数据的定量研究之外，其他研究都是基于新闻、访谈等资料进行的案例定性研究。这是因为政策制定过程的复杂性和变量量表化的难度造成的。[①] 但是即便如此，我们依然有必要进行定量研究。量化分析可以对各种“似有道理”但又难以决断的多种假说（或是说法）进行“仲裁”。通过定量研究发现发展规划决策过程中的关键变量，以及变量与规划实施绩效的内在作用机制，分析哪些是成功影响实施绩效的因素，哪些因素对实施绩效的影响并不显著，进而找到内在的原因，这对于丰富发展规划决策机制的基础理论研究、应用基础研究和具体问题研究都大有裨益。

① 汝鹏：《知识、价值与制度：863 计划科技决策的影响力研究》，博士学位论文，清华大学，2008 年。

第三章

发展规划决策机制理论模型建构

本章是发展规划决策机制理论模型建构：首先，说明选择“规划实施绩效”研究视角的原因和界定本研究相关核心概念，其中本研究将发展规划决策机制划分为决策方式和调整方式，决策方式包括民主化、科学化和法治化，调整方式包括衔接协调和适时调规；其次，对我国“一五”计划到“十三五”规划进行历史纵向梳理；最后，运用多案例研究方法，围绕每一组变量关系对十三个五年规划相关案例进行对比研究，提出命题、构建理论模型。

一　研究视角与核心概念

（一）研究视角

如第二章文献综述所阐述的，目前研究公共政策决策机制的视角主要有决策主体、决策议程、决策过程和“决策与执行”系统分析视角，呈现出从狭义决策到广义决策、从决策前端向决策后端延伸的趋势。规划从制定到实施再到实施完成，是一个闭环系统，正是每个规划的实施完成，才能推动国家和地方经济社会的不断发展。因此，本书拟从“规划实施绩效”的视角来研究发展规划决策机制，具体原因如下：

第一，规划实施是编制发展规划的根本目的。实施是发挥发展规划作用的根本所在。发展规划是一个国家或者地区未来五年经济社会发展的宏伟蓝图，然而该蓝图的实现主要是通过对发展规划有效的实施，不然，再好的蓝图如果不实施，就仅仅是“蓝图”而已。确切地说，只有通过每一个发展规划的具体指标和具体任务的完成，才能真真切切推动国家和地区经济社会各方面的发展。

第二，规划实施绩效是检验发展规划好坏，同时也是检验其决策机制好坏的重要标准。正如“实践是检验真理的唯一标准”一样，发展规划决策机制及规划编制水平如何，要看其实施完成如何。只有从“规划实施绩效”视角，才能比较不同时期、不同区域的发展规划及其决策机制的优势、劣势，否则离开了该统一标准，以上比较便无从谈起。

第三，当前学界尚无从“规划实施绩效”的视角来研究发展规划决策机制。通过“规划实施绩效”视角研究发展规划决策机制，一方面研究发展规划决策机制通过什么关键性因素影响规划实施绩效，从决策机制方面识别影响发展规划实施绩效的关键性因素；另一个更重要的方面是以结果为导向，审视发展规划编制过程中各个环节和因素，分析哪些环节和因素有利于实施，并提高实施绩效；哪些环节和因素对实施和提高实施绩效不起作用。对于有利于提高实施绩效的环节，提出进一步强化的措施；对于不利于实施绩效的环节，分析原因，并提出改善建议。从国内外研究来看，目前对公共政策决策机制的研究主要有两个方面的内容：一是谁来做决策，即决策主体和决策体系的研究；二是如何做决策，即决策过程的研究。就决策周期而言，这样的研究更侧重于决策机制研究前端环节，而关于后端规划执行和规划效果的研究还比较缺乏。特别地，以“规划实施绩效”的视角对发展规划决策机制进行研究，作为“结果导向型的评价”，在相关领域的研究中还鲜有实践。因此，本研究认为从“规划实施绩效”的视角，以“结果论英雄”，对规划决策机制进行逆向评价，既是研究视角的尝试和创新，也是对发展规划决策机制相关研究极为关键的补充发展。这不仅有利于拓展我国发展规划研究的新思路，从学理上发展和丰富我国发展规划理论体系，而且还可以为我国完善发展规划的决策机制和编制方法提供理论支撑。

（二）核心概念

为顺利推进本研究，需要界定以下核心概念：

决策机制：政策决策机制从层级上可以分为高层决策、中层决策和基层决策。① 发展规划编制过程中，参与决策主体众多，包括决策层、编制层、咨询层。本研究的决策机制属于广义上的决策，不仅仅限于决策层高层内部的决策活动，也包括编制层、咨询层等主体参与的决策活动。发展规划决策机制即发展规划决策生命周期中所涉及的各种因素，如各种参与决策主体（决策层、编制层、咨询层）之间在规划编制等过程的相互联系、相互作用的方式等。从内容上划分（见图 3.1），发展规划决策机制包括决策方式和调整方式：决策方式，主要是对单个发展规划决策和短周期决策而言，包括民主化、科学化、法治化；调整方式，主要是对发展规划体系和长周期决策而言，包括衔接协调和适时调规。发展规划处于三级四类规划体系之中，需要相互衔接协调，根据上下左右规划进行相应调整，才能形成合力。因为国际形势、国家政策取向和自身发展条件发生变化，

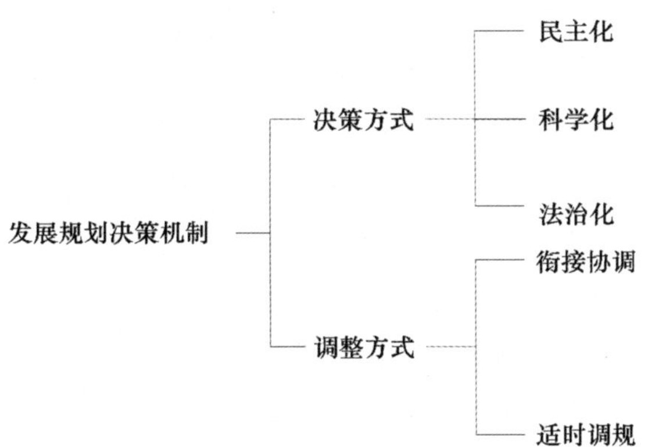

图 3.1　从内容上对发展规划决策机制的划分

① 沈凌：《中共执政决策机制研究——以中欧发展规划决策为例》，博士学位论文，中共中央党校，2014 年。

需要根据中期评估结果对发展规划的指标和项目等进行适时调整。从时间上划分（见图3.2），发展规划决策机制首先是决策方式（从上一个发展规划中期评估到《发展规划纲要》出台），然后是调整方式（从《发展规划纲要》出台到中期评估调整）。

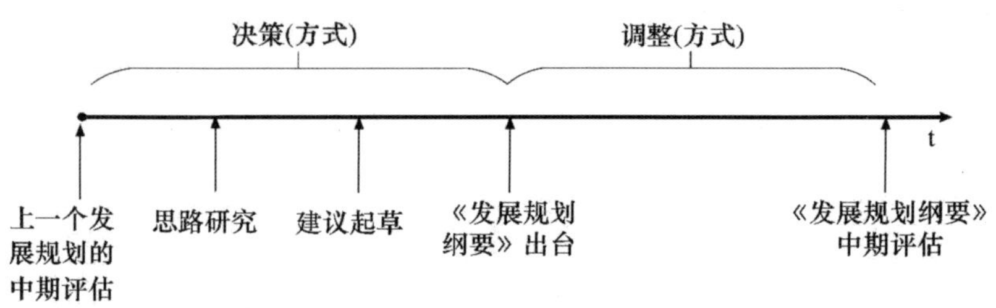

图3.2　从时间上对发展规划决策机制的划分

决策共识：发展规划决策共识表现为对《发展规划的基本思路》《发展规划的建议》《发展规划纲要》的共识性程度，由于《发展规划的基本思路》《发展规划的建议》是为制订《发展规划纲要》服务的，因此这种共识性程度最终体现为对《发展规划纲要》文本的共识性程度，包括《发展规划纲要》文本的内容（目标、重点任务、项目、保障措施等）起草、修改时对各主体的意见吸纳程度和诉求反映程度。

文本质量：主要是从发展规划文本的特点进行评估，最直接的结果是对发展规划的明确性、科学性、可行性的判断。

规划实施绩效：规划实施绩效主要是从实施水平和实施效果两个层面进行界定评价，首先是从实施水平的层面，分析历次发展规划的主要任务和指标的完成情况；其次是从实施效果的层面，分析历次发展规划实施后的效果。鉴于目前从技术上很难界定规划期内经济社会发展哪些方面和多大程度上受到发展规划的影响，因此本研究暂时从实施水平衡量规划实施绩效。

二　十三个五年规划（计划）历史演进

新中国成立以来，我国经济建设、政治建设、文化建设、社会建设、生态文明建设等各项事业均发生翻天覆地的变化，经济实力、科技实力、国防实力、综合国力迈向世界前列，已经提前实现了党对我国社会主义现代化建设作出战略安排的前两个战略目标——解决人民温饱问题和人民生活总体上达到小康水平，并在 2020 年全面建成小康社会。总结过去，从 1953 年第一个五年计划到现在的“十三五”规划，伴随国家恢宏建设过程的始终是发展规划。发展规划不但记录我国发展脉络历程，更是理解我国发展成功秘密的一个重要钥匙。

本部分基于实施绩效视角对十三个五年规划（计划）决策的历史演进进行归纳梳理。通过归纳梳理，本研究认为，发展规划决策机制主要包括决策方式和调整方式，决策方式包括民主化、科学化和法治化，调整方式主要包括衔接协调和适时调规。决策机制和实施绩效的中介变量是决策共识和文本质量。

基于历史资料搜集的可获取性、可对比性的考虑，本研究在本部分主要从征求相关主体意见的范围、程度等方面对民主化进行归纳；从编制方法、调研获取信息、专家参与情况、论证周期等方面对科学化进行归纳；从编制时间和程序规范性、编制制度严肃性、机构职能规范化等方面对法治化进行归纳；从与其他规划的衔接对衔接协调进行描述；从是否结合实际情况在中期评估阶段进行调整对适时调规进行描述；从各主体意见达成一致程度、达成共识的范围及程度等方面对决策共识进行归纳；从内容全面性及创新性、指标科学性和创新性等方面对文本质量进行归纳；从指标完成率对规划实施绩效进行描述。具体如表 3.1 所示。

表3.1　基于历史资料的概念测量和相关举例

模式要素	测量变量	相关举例
民主化	征求相关主体意见的范围	“十五”计划首次面向社会公众征求意见，在《光明日报》《经济日报》《工人日报》《农民日报》《中国经济导报》以及国家计委网站上开设《“十五”计划征文》专栏，直接征求社会公众意见
	征求相关主体意见的程度	“十二五”规划，国家发改委委托总工会、共青团、工商联等多家组织协助召开各个系统、各个行业的代表座谈会，广泛听取社会各界的意见
科学化	编制方法	“一五”计划的编制方法是学习苏联的主要产品平衡法。具体是，以钢产量指标为核心确定需要多少煤电，再根据煤电等指标来计算需要增加多少城镇人口等
	调研获取信息	“三五”计划前期，邓小平、李富春、余秋里和其他计委领导人注重调查研究，按照毛泽东指示深入“三线”开展调研
	专家参与情况	“八五”计划开始，主要通过课题招标形式让智库专家参与重大问题的前期研究
	论证周期	“一五”计划在周恩来直接领导下，边讨论、边修改、边执行，先后五易其稿，尤其是第四稿编制时，还加强了编制力量，成立了以陈云为首的八人工作小组
法治化	编制时间和程序规范性	“九五”计划开始总体上形成“前期研究—基本思路—建议起草—纲要编制”四大阶段的程序
	编制制度严肃性	“四五”计划编制，原定1970年8月23日的庐山会议议程之一是讨论批准“四五纲要（草案）”，后将部分修改的“四五”计划作为参考文件印发、征求意见
	机构职能规范化	“九五”计划之后，纲要固定为由全国人大四次会议审议批准
衔接协调	与其他规划的衔接	“十一五”规划期间，国家发改委就单位GDP能耗指标与31个省市区发改委进行衔接协调
适时调规	是否结合实际情况进行调整	“十三五”规划中期评估，广东省陆河县就预期性指标和部分重点项目进行了调整
决策共识	各主体意见达成一致程度	“二五”计划后期随着周恩来、陈云等领导人受到政治上批判而不再提出不同的意见，甚至放弃反冒进的主张
	达成共识的范围	“十五”计划编制共收集了1800多条社会公众的意见和建议，形成广泛社会共识
	达成共识的程度	“十一五”规划，经过各位专家、政府官员的讨论，前前后后一共修改了多次。从内容、结构到具体表述，几乎都进行过修改

续表

模式要素	测量变量	相关举例
文本质量	内容全面性	“六五”计划增加社会发展和人民生活方面的内容，并把国民经济计划改名为“国民经济和社会发展计划”
	内容创新性	“七五”计划进行了大变革，改变过去以指标为主的做法，而以制定发展战略和方针政策为主
	指标科学性	“七五”计划的工农业总产值和国民生产总值分别年均增长6.7%和7.5%。总体看，“七五”计划被邓小平评价为“确定的目标是切合实际的，是一个好文件”
	指标创新性	“十一五”规划首次划分约束性指标和预期性指标
规划实施绩效	指标完成率	“十二五”规划有24个指标，完成率95.8%，只有研究与试验发展经费支出占GDP比重这一指标没有完成

（一）民主化决策

通过对十三个五年规划（计划）资料的梳理发现，五年规划（计划）的民主化决策道路虽然比较坎坷，但是总体上实现了从初具雏形到逐步完善的转变。

1. 民主决策初具雏形：“一五”计划

“一五”计划（1953—1957年）前后编制近四年时间，初具民主化决策的雏形。对外，因为缺乏经验，多次征求苏联意见。对内，多次征求部门、地方，以及先进人物的意见，同时，党中央、国务院和全国人大的主要领导实行民主决策，集体审议计划草案。

多次征求苏联的意见。“一五”计划编制，一是统计资料不全，对国民经济基本情况掌握不够①；二是从上到下缺乏经验，不了解怎么制订计划（对“指标”和“基本建设”等词不熟悉，不会拟定计划表格）②，中央领导同志还专门花了近1个月时间访问苏联征求意见。其间，斯大林就诸如工业年均增速等指标过高提出“要适度降低、留有余地”等方面建议。同时，中方还和苏联方面共同商议确定了156个项目的编制设计。

① 《薛暮桥文集》第4卷，中国金融出版社2011年版，第214页。
② 王光伟：《怀念周总理》，人民出版社1986年版，第43—44页。

征求部门、地方和先进人物的意见。1952 年 12 月 22 日，中共中央发出《关于编制 1953 年计划及长期计划纲要的指示》时强调，各地区和部门在编制计划时，要吸收群众特别是先进人物参加讨论。1953 年 2 月，中央财经委与计委、其他部委、各地区共同讨论修改计划草案。1954 年，陈云召集中央财经、文教各部部长会议布置编制工作。1954 年 11 月，中共中央将计划草案下发征求各部党组和各省、市、自治区党委意见。①

主要领导同志民主决策。1953 年 6 月底，中央政治局扩大会议集中讨论“一五”计划草案的修改。1954 年 8 月，陈云等领导小组共 17 次审议计划草案（初稿）。9 月至 10 月，毛泽东批阅计划草案（初稿），并会同刘少奇、周恩来、邓小平、彭真讨论。11 月，陈云主持的中央政治局会议花 11 天时间研究讨论计划草案。1955 年 3 月、6 月和 7 月，中央政治局、党的全国代表大会、国务院全体会议、一届全国人大二次会议依次通过了“一五”计划。

2. 民主决策由破坏到重建：“二五”计划至“六五”计划

“二五”计划至“五五”计划，初具雏形的民主化决策先后经历“遭到破坏——个人决策达到顶峰——初步恢复民主决策”的“V”字形走势。“三五”计划和“五五”计划编制期间，虽然民主征求部门和地方意见，但在领导层面某种程度上带有个人决策色彩。到了“六五”计划，民主决策的优良传统总体得到恢复。

（1）民主决策转向个人决策：“二五”计划

征求苏联意见。1956 年，李富春率队到苏联，除了继续要求苏联提供基建项目的援助之外，还就“二五”计划草案征求苏联方面意见。其中，苏联认为“积累占国民收入分配中的比例从‘一五’的 22% 到‘二五’的 26%，指标过高了”。②

① 中国社会科学院，中央档案馆：《中华人民共和国经济档案选编（1953—1957）》，中国物价出版社 2000 年版，第 400 页。

② 房维中：《李富春传》，中央文献出版社 2001 年版，第 485—486 页。

计委内部民主讨论。从1955年8月到1955年11月底，国家计委内部针对“二五”计划各项指标进行三个阶段讨论。1956年7月至9月上旬，在周恩来的领导下，国家计委主任李富春和张玺、薛暮桥等几位副主任多次商讨、修改“二五”计划。

征求各部门、各地方和专家的意见。1956年初全国召开省市计委会议，国家计委与各地方计委就“二五”计划文本进行研讨。1957年1—3月，国家计委和有关部门组成三个组讨论国民收入分配、国民经济比例关系等重大问题。1956年7月至9月，周恩来指导编制“二五”计划建议时，对于重大项目的设立，均全面集中各方尤其是专家的意见，经过反复考虑、平衡后才最终确定。

领导内部由集体决策向个人决策转变。1955年的全国人大一届二次会议至1956年八大期间，毛泽东提出“多、快、好、省”的建设方针，国家计委根据其指示多次调高“二五”计划指标。刘少奇、周恩来、陈云、李富春等同志意识到急躁冒进的苗头，多次召开会议并提出“既反保守又反冒进，在综合平衡中稳步前进”的方针。毛泽东同志虽然多次致信赞同周恩来对“二五”计划过高指标的修改情况，但因为形势判断发生偏差，改变了决策：在1957年年底召开的八届三中全会上发表了《做革命的促进派》讲话，提出国内主要矛盾已经转变为“无产阶级和资产阶级、社会主义道路和资本主义道路”的矛盾；改变中共八大集体确定的“防止和纠正右倾保守和左倾冒险的倾向”的方针，全面发动“大跃进”，推翻了八大提出的相对稳妥的“二五”计划。

总的来看，“二五”计划决策过程经历了“民主决策”向“个人决策”的转变。前期，毛泽东认可刘少奇、周恩来等领导人对计划过高指标的多次修改。在该阶段，还民主征求部门、地方（计委）、专家、苏联等多方面的意见。后期，毛泽东某种程度上忽略了和其他政治局委员探讨问题。①

① 参见薄一波《若干重大决策与事件的回顾》（下卷），中共中央党校出版社1993年版，第460页。

（2）个人决策："三五"计划

修改"三五"计划指导方针。关于"三五"计划的指导方针，1962 年，刘少奇、周恩来、陈云等人讨论形成"解决吃穿用"的意见，征求毛泽东意见时毛泽东并没有表示反对。但 1964 年的一份国际形势报告使得毛泽东改变了想法，并将指导方针由"解决吃穿用"转变为"以战备为中心"。在 1964 年 5 月至 6 月召开的中央工作会议中，基于国际形势变化毛泽东提出"三线建设"，自此，解决"吃穿用"的核心指导思想改为"解决吃穿用 + 三线建设"并重。最后"三五"计划的指导思想由"解决吃穿用 + 三线建设"并重转为"以三线建设为中心"。因为指导方针的突然改变，导致 1965 年后修改制定的新计划没能得到充分论证。

"三五"计划编制过程在领导层面存在个人决策，虽然"小计委"在 1965 年 2—7 月分别征求了不同部门、省、自治区、直辖市的意见①，但都只是围绕个人决策形成的指导思想来征求意见。

（3）个人决策达到顶峰："四五"计划

"四五"计划编制时期，某种意义上个人决策居多，加上林彪、"四人帮"的干扰，民主决策机制受到影响，个人决策达到顶峰。

"文化大革命"时期在一些事项上，没有取得共识，部分文献的起草夭折了。

（4）个人决策转向民主决策："五五"计划

多次征求部门、地方意见。1977 年 5 月至 8 月，国家计委陆续听取各部委关于"五五"计划和十年规划的修订意见。1977 年 8 月底 9 月初，国家计委根据十一大的会议精神修改"五五"计划和十年规划。

"五五"计划前期，高层领导层面没有完全恢复民主决策。1977 年 11 月召开的全国计划会议形成《关于经济计划的汇报要点》提出，分三步实现四

① 1965 年 2—5 月，"小计委"跟不同部门展开座谈征求意见。1965 年 6 月，"小计委"召集各中央局和北京、上海、天津、沈阳、武汉、重庆六个大市主管计划工作的书记及计委主任，座谈长远计划和"三五"计划设想。1965 年 7 月，"小计委"成员分赴各大区，征求各中央局及省、自治区、直辖市的意见。

个现代化。根据《汇报要点》精神，国家计委提出新一版本的《1976—1985年发展国民经济十年规划纲要（修订草案）》的指标比上一版本的指标提高了很多。对于这些指标，中央领导建议还没研究清楚，暂不要提交人大通过。

“五五”计划后期，高层领导层面重新恢复民主决策。1978 年 12 月，中共十一届三中全会召开，会上陈云正式提出对国民经济进行必要调整的观点，内部出现分歧和争论。正如房维中所说：“中央工作会议讨论过程中，部分地区领导人赞同不调整不行，部分地区领导人认为刚提出‘新跃进’计划，又要调整。”① 但是邓小平、叶剑英、李先念等同志经过研究商议，认同需要调整经济，实行“调整、改革、整顿、提高”的方针。

总体来看，“五五”计划经历了“个人决策”向“民主决策”的转变。十一届三中全会召开前，领导层通过了高指标的《十年规划纲要》，造成国民经济的失衡进一步加剧。十一届三中全会召开，领导层重新恢复民主决策，正式提出调整国民经济，得到中央领导同志的赞同。

（5）民主决策得到总体恢复：“六五”计划

计委多次就“六五”计划征求地方、部门和专家意见。1980 年 3 月至 4 月，国务院召开长期计划座谈会，国家计委、各部门和各地方领导人，以及 40 多名科学家共同商讨计划事宜。1980 年 8 月，国家计委针对《制订长远规划的一些基本设想》征求各地方计委的意见。11 月，国家计委组织大批专家对拟定的指标进行科学论证。1981 年 6 月，国家计委发出的《关于拟定“六五”专题规划通知》要求“石油作为基础工业，要在国家资金有限情况下，每年生产原油一亿吨”，国家计委和石油部的同志多次研究测算，创新性提出中国工业第一个行业包干方案。

高层领导针对“六五”计划重大问题均不再搞个人专断决策，而是尊重科学的调查研究结论。关于“六五”计划年均“保四争五”的增长速

① 《房维中文集》，中国计划出版社 2009 年版，第 318 页。

度，中央领导人之间存在分歧，邓小平希望速度可以快一些，陈云认为“不能太快，百分之七到八如果困难，百分之五到六也可以”。国家计委经过多次测算，认为“只能定4%，否则就会留缺口”，并写信给中央领导坚持“六五”“保四争五”的观点。最后，得到中央领导人的一致认同。[①]关于“六五”计划积累率，1980年初，陈云提出要研究积累和消费的比例问题，中共中央办公厅调研室形成《从历史经验中探讨我国合理的积累率》的报告，认为25%的积累率比较合适。1980年3月至4月，国务院召开长期计划座谈会，会上针对“六五”计划积累和消费的比例出现了分歧，国家计委有些同志认为把积累率降低到25%，生产就不可能发展。时任经济体制改革办公室副主任的廖季立认为：“可以通过改变经济结构来求得经济增长速度，把重工业下降到40%以下，农业和轻工业上升到60%以上，情况就可能改变”，薛暮桥也同意廖季立的意见，认为“是符合于目前农民还占80%、城市还有大批劳动力等待就业这种现实情况的”。[②]针对两方面的分歧，中央委托国家计委政策研究室魏礼群从理论和实践上进一步论证说明。魏礼群在分析历史基本情况的基础上，通过区间分析方法认为：“‘六五’期间，如果国民收入每年增长6或7%，则积累率为24.7%或28.2%比较合适。”[③]同时魏礼群还撰写多篇文章论述积累率应该下降到适当水平。邓小平、陈云、李先念、薄一波等领导人都表示赞同，并画了一条积累率不超过25%的硬杠杠。但是国家计委通过测算，为了保证电、路等基础设施计划目标的实现，最后还是将“六五”计划积累率定为29%，比中央领导定的硬杠杠高出4个百分点。[④]

总体上，“六五”计划恢复了民主决策的风格。编制过程中深入倾听部门、地方和专家的意见。更难能可贵的是，高层决策者不但不搞个人专

---

① 《房维中文集》，中国计划出版社2009年版，第321—323页。

② 《薛暮桥文集》第8卷，中国金融出版社2011年版，第41页。

③ 《魏礼群经济文选》，中国时代经济出版社2011年版，第8—9页。

④ 鄢一龙、胡鞍钢、王绍光：《中国中央政府决策模式演变——以五年计划编制为例》，《清华大学学报》（哲学社会科学版）2013年第3期。

断决策，就是民主决策决定的意见也会根据科学研究的结论成果再次修改。这是以往计划编制过程中未曾有过的现象。

3. 民主决策广度不断扩大：“七五”计划至“十五”计划

“七五”计划至“十五”计划，民主征求意见的范围由行政层面向社会层面扩展，征求意见的时间、范围、人数等不断取得突破，[①] 同时，专家学者参与的阶段不断扩展延伸。

“七五”计划扩大民主征求意见范围，行政方面包括党政军负责人、民主党派和无党派民主人士，社会层面主要是专家学者。1985 年 7 月中旬，中央书记处和国务院在北京召开了有两百多人参加的“七五”计划讨论会，参会人员包括：中央党、政、军领导部门负责人，实际主持经济工作的负责人，部分著名经济学家、中青年经济理论工作者，部分自然科学工作者，十几个省、市、自治区的主要负责人和主持经济工作的负责人，以及部分大企业的负责人。为了更加广泛地征求意见，还将“七五”计划草稿发送给各省、市、自治区，在京的中央委员、中顾委和中纪委成员。参加集体讨论和个别阅读提出修改意见的多达一千多人。1985 年 8 月，中共中央办公厅向各省、自治区、直辖市党委、中央直属机关、中央国家机关党委、解放军总政治部发出通知，就“七五”计划建议征求意见。与此同时，党中央还召开了各民主党派和无党派民主人士的座谈会，听取他们的意见。“八五”计划在“七五”计划基础上继续广泛征求行政和社会层面的意见。

“九五”计划与“十五”计划将民主征求意见范围进一步扩大。具有标志性意义的是，“十五”计划首次向社会公众征求意见，在《光明日报》《经济日报》《工人日报》《农民日报》《中国经济导报》以及国家计委网站上开设《“十五”计划征文》专栏，直接征求社会公众意见。征求社会公众意见期间，国家计委和相关委托的新闻单位，共收到

① 《国家计委主任陈锦华答中外记者问》（http://fanwen. jianlimoban. net/91239/），1996 年 3 月 8 日。

1.7 万多封信件和邮件。“十五”计划针对社会公众提的一千八百多条意见前后共 20 多次易稿。[①]

4. 民主决策深度不断提升：“十一五”规划至“十三五”规划

“十一五”规划至“十三五”规划，包括中央决策者、部门及地方负责人、专家学者和社会公众等在内的主体，参与形式不断丰富和参与程度不断提升。

高层领导参与程度更深，决策更民主。“十一五”规划开始，建议小组由国务院总理担任组长，国务院副总理担任副组长，但到了“十三五”规划，领导更加重视，由总书记亲自担任组长，国务院总理和一名国务院副总理担任副组长。“十一五”规划至“十三五”规划，均由总书记多次主持以规划工作为主题的政治局常委会和政治局会议。编制期间，中央领导同志也多次提出重要意见，进行具体指导。此外，中央政治局常委带头深入多个地方调研，直接掌握一手资料信息。

部门和地方参与形式更多元化。“十一五”规划开始，除了座谈会和书面征求意见两种方式之外，部门和地方还通过参与重大问题研究和进入起草组等形式民主参与规划编制。一是参与规划前期重大专题研究，例如“十二五”规划，福建省参与中央财经领导小组办公室组织开展的重大课题研究——“关于内地与港澳、海峡两岸经济联系及相关战略研究”，形成两个重量级的课题报告。[②] 二是以建议起草组成员参与规划编制，“十一五”规划包括各地区各部门 50 多位领导干部和专家学者，“十二五”规划包括各地区各部门 78 位领导干部和专家学者。[③]

社会公众参与的方式越来越多，参与的程度越来越深。“十一五”规划编制期间，国务院要求除了涉及国家机密之外，规划的编制草案要向社会公布，听取大众意见，国家发改委专门开辟相关专栏征集社会公

① 《曾培炎论发展与改革》（上卷），人民出版社 2014 年版，第 280—282、284 页。

② 《福建省经济社会发展“十二五”规划工作简报》2010 年第 2 期（总第 5 期）。

③ 《〈中共中央关于制定国民经济和社会发展第十二个五年规划的建议〉诞生记》（http://politics.people.com.cn/GB/1026/13085142.html），2010 年 10 月 30 日。

众的意见。[①]“十二五”规划编制期间，在国家信息中心下设建言献策办公室，广大的社会公众可以通过官方网站、信件、邮件、来访等形式深度参与提出意见和建议。此外，国家发改委还委托总工会、共青团、工商联等多家组织协助召开各个系统、各个行业的代表座谈会，广泛听取社会各界的意见。“十三五”规划，国家发改委开通了“建言十三五”微信公众平台，邀请公众参与规划编制，还通过媒体、网络等平台征集公众意见。

（二）科学化决策

从各个五年规划（计划）的编制过程来看，“一五”计划属于科学决策探索阶段，“二五”计划至“六五”计划科学决策处于反复阶段，“七五”以来重新回归正常，“十一五”规划之后进入提升阶段。总体来看，我国十三个五年规划（计划）的编制过程经历了从片面决策到科学决策演变的轨迹。

1. 科学决策探索阶段：“一五”计划

“一五”计划是我国第一个五年计划，由于缺乏经验，总体处于探索阶段。

编制方法主要模仿苏联。“一五”计划的编制方法是学习苏联的主要产品平衡法。具体是，以钢产量指标为核心确定需要多少煤电，再根据煤电等指标来计算需要增加多少城镇人口等。这个方法不是很科学。首先，农业属于“看天吃饭”，受气候条件变化影响很大；其次，几乎无法同一时间内掌握统计全国农业生产情况；最后，一般到秋天才能得知农业收成如何，会影响计划的制定。毛泽东曾在1964年6月讨论“三五”计划时说过：“过去制定计划的方法基本上是学苏联的……是摇计算机的办法，

---

① 在制定《“十一五”规划纲要》时，首次建立了专门网站，在为期60天的公开征求社会公众意见和建议活动中，有5000多人通过网上留言、电子邮件、信函等方式提出意见，其中不少有益的建议吸收到《纲要》之中。《国务院关于加强国民经济和社会发展规划编制工作的若干意见》（国发［2005］33号）（http://ghs.ndrc.gov.cn/zcfg/200511/t20051102_48078.html），2005年10月22日。马凯：《〈中华人民共和国国民经济和社会发展第十一个五年规划纲要〉辅导读本》，北京科学技术出版社2006年版。

不符合实际，行不通。”①

信息获取上不及时、不全面、不准确。“一五”计划编制时期，虽然尽可能地收集信息，但是因为以下两个原因，导致信息收集不及时、不全面、不准确：一是掌握的信息与实际情况的符合程度差距较大。当时国家统计局的相关领导认为：苏联纳入国家计划的工业品有3000多种，中国只有300多种，其中只有30多种有统计资料，其余都是参考有关资料估计的。为此就要求统计局增加统计报表，特别是工业生产、基本建设报表。由于要求过高，下面报不上来，计委与统计局之间就常常发生矛盾。二是调查研究不到位，如李富春说：“江苏省委开计划会议时反映有些县的农业计划的制定过程是‘区里估计估计，农林科统计统计，县委书记同意同意’，这次计划会议有人提出了‘三多’‘三少’，即一般材料多，典型调查少，数字多，根据少，指标多，具体办法少。”②

虽然“一五”计划编制方法不算科学，收集的信息也存在诸多不足，但足够长的决策论证周期很大程度弥补了以上两点不足。“一五”计划在周恩来直接领导下，边讨论、边修改、边执行，先后五易其稿，尤其是第四稿编制时，还加强了编制力量，成立了以陈云为首的八人工作小组。其间，包括毛泽东、刘少奇、周恩来、陈云等在内的主要领导同志一同仔细研究、科学论证“一五”计划。

2. 科学决策反复阶段：“二五”计划至“六五”计划

受领导个人喜好和国内政治环境影响，“二五”计划至“六五”计划的科学决策道路徘徊反复。具体来看，由于不切实际的赶超想法和临时更换编制机构，导致“二五”计划编制、“三五”计划编制后期、“四五”计划编制和“五五”计划编制中期的决策既不充分也不科学。其间，因为及时总结经验教训，“三五”计划编制前中期、“五五”计划编制前期和后

---

① 薄一波：《若干重大决策与事件的回顾》（下卷），人民出版社1997年版，第1235—1236页。

② 《李富春同志在第二次全国省（市）计划会议上的总结报告》，1955年2月8日。

期、“六五”计划编制总体决策较为科学。

受“反反冒进”方针影响，“二五”计划编制的科学性受到影响。一是编制方法由“综合平衡法”改为“三本账”法。一开始，“二五”计划按照综合平衡法进行编制。1957 年八届三中全会召开，毛泽东发表了重要讲话，要求“反反冒进”，批评“综合平衡法”，要求实行“生产计划三本账。中央两本账，一本是必成的计划，这一本公布；第二本是期成的计划，这一本不公布。地方也有两本账。地方的第一本就是中央的第二本，这在地方是必成的；第二本在地方是期成的。评比以中央的第二本账为标准”①。“三本账”的编制方法在实际操作中“完全不讲平衡”，很多计划都是拍脑袋制定，从中央到地方基层实际上不止三本账，有些甚至六七本账，导致计划的数字缺乏科学性。② 二是下放计划管理权限导致计划衔接制度丢失。1958 年 9 月，中共中央和国务院发文《关于改进计划管理体制的规定》提出下放计划管理权限，允许地方调整中央设定的指标，自行设定、增加建设规模等指标，无需中央全面衔接、权衡、批准，这导致地方“诸侯混战”“自成体系”，导致重复建设资源浪费等现象。三是编制后期忽视调研，浮夸风盛行。前期“反冒进”阶段，国家有关领导人一方面组织国家计委和有关部门人员总结“一五”计划并研究“二五”计划重大问题，另一方面深入到成都、重庆、西安等地开展系统调研。后期“反反冒进”阶段，浮夸风盛行，各地方和各部门相互评比、放卫星，不断抬高指标。处于大跃进浪潮的国家计委无力回天，只能将各地方、各部门上报的指标作为“二五”计划编制修改的依据。

“三五”计划编制前中期总体较为科学，编制后期较为仓促。因为吸取“大跃进”的经验教训，所以“三五”计划编制前中期比较注重科学。一是编制方法较为科学。李富春着手改进编制计划的工作方式，即“把研

---

① 《毛泽东文集》第 7 卷，人民出版社 1999 年版，第 347 页。

② 《二五（1958—1962）：大跃进大倒退》，《中国青年报》2006 年 3 月 20 日。

究分析资料和典型调查相结合；在搞好综合平衡的基础上，注重结合领导、专家和群众的意见；允许对相关问题进行讨论甚至争论，可以根据不同意见形成不同计划方案”。这和“大跃进”期间由领导人一个人说了算的做法截然不同。同时，1964 年 6 月的中央工作会议上，毛泽东提出要“改变之前‘综合平衡法’以钢产量为核心依据确定其他指标的做法”，要“以农、轻、重为序，先看粮食可能的产量是多少，再看钢铁、机械、农药和化肥的需要量多大，同时还要考虑打仗的需要”。二是调查研究较为重视。邓小平、李富春、余秋里和其他计委领导人注重调查研究，按照毛泽东指示深入“三线”开展调研。三是指标设计谨慎。毛泽东吸取了苏联和“大跃进”的教训，一直强调要“根据客观可能办事”、要“留点余地”。“三五”计划编制后期，新成立的“小计委”按照毛泽东要求重新编制“三五”计划。但由于时间仓促，加上毛泽东将重心放在发动“文化大革命”，导致没有形成正式计划，计划的最后一章内容没写就提交中央工作会议讨论了。①

受“文化大革命”的影响，“四五”计划编制受到很大的影响。一是编制方法被破坏。编制“四五”计划过程中，从上到下，“四五”计划的编制方法全方位受到破坏。二是指标设计以领导语录为依据，缺乏论证。“四五计划纲要（草案)”提出的各项指标并没有经过综合平衡计算，而仅仅是根据毛泽东 1957 年莫斯科讲话提到的一句话作为基准，相应地安排其他指标。② 因为编制制度受到破坏，“四五”计划制定过程较为草率，并没有得到充分论证，最后“四五”计划草案只是在党的九届二中全会上作为参考文件印发而没有进行讨论。

“五五”计划科学决策之路一波三折，可以划分为三个阶段。第一阶段(1974—1975 年)，吸收以往教训，改良了编制方法，并恢复了深入调研的作

① 全国人大财政经济委员会办公室、国家发展和改革委员会发展规划司：《建国以来国民经济和社会发展五年计划重要文件汇编》，中国民主法制出版社 2008 年版，第 565 页。

② 《房维中文集》，中国计划出版社 2009 年版，第 48 页。

风。一是改良编制方法。“五五”计划采取“条块结合、块块为主，由下而上、上下结合”的编制方法，“各部门、各地区提出规划——大区内部平衡——全国范围平衡”，最后提出计划轮廓。二是恢复深入调研作风。1975年，在国家计委组织下，22个部委共500多人（包括13名副部长）深入各地开展调研。第二阶段（1975年至十一届三中全会召开前），被稍微转好的形势冲昏头脑，忽视经济规律。1977—1978年，国民经济情况虽然得到初步恢复，但是按照“按老路走”和“洋跃进”思想的影响，追求高指标的《1976—1985年发展国民经济十年规划纲要（修订草案)》还是获得了通过。第三阶段（十一届三中全会之后），十一届三中全会重新确立了解放思想、实事求是的指导思想，重新科学调整“五五”计划。1979年，邓小平、陈云等领导同志一致认为需要两三年时间从“文化大革命”的迫害中恢复过来，强调要按比例地发展经济。正如邓小平所指出的，现在的中心任务是调整，首先要有决心，东照顾西照顾不行。过去提以粮为纲、以钢为纲，是到该总结的时候了。一个国家的工业水平，不光决定于钢，把钢的指标减下来，搞一些别的。谈农业，只讲粮食不行，要农林牧副渔并举。① 1979年4月召开的中共中央会议决定对“五五”计划做大幅调整。

“六五”计划编制时期，国家计委改良编制步骤和方法，并开展全面深入调研，一定程度恢复了编制决策的科学性。一是增加编制步骤。“文化大革命”期间被削弱的计划工作尚未恢复，国家计委对工作没底，因此，在“控制数字—计划草案—正式计划”三道程序之前增加一道“建议数字”的程序，由各部门、各地方先提供一些设想数字，供国家计委参考。二是优化编制方法。改变目标和指标设置方法，将过去“先定目标，再定指标、提方案”的方法改为“先从实际出发确定需要和能够解决的问题，再定目标，最后定指标、提方案”；改变计划安排顺序，“六五”计划编制不再优先满足国防和重工业的发展需求，而是综合考虑人民生活改善、科教文卫事业发展和

① 参见中共中央文献研究室编《邓小平思想年编：1975—1997》，中央文献出版社2011年版，第225—226页。

国防建设发展需求三者关系，据此再考虑和安排国民经济其他部门的发展。三是开展全面调研。由于“文化大革命”的迫害，必要的资料破败不全，1980—1982 年，国家计委花近三年的时间到全国各地进行大量的调查研究、反复测算和科学论证，最终编制完成“六五”计划。

3. 科学决策恢复阶段：“七五”计划至“十五”计划

“七五”计划至“十五”计划恢复了科学编制决策的传统，发动部门、地方和专家的力量进行深入研究，恢复并创新编制方法，恢复长周期充分论证计划的传统。

专家参与方式不断多元，程度不断加深。一是专家参与常态化机制不断完善。“七五”计划，主要是通过座谈会、研讨会等形式让专家对未来五年的经济社会发展问题进行预测和讨论。“八五”计划开始，主要通过课题招标形式让智库专家参与重大问题的前期研究，比如能源研究所和国家体改委受委托分别研究未来的能源和经济体制问题。“十五”计划，首次聘请国内著名专家学者组成了规划咨询审议会，对重大问题进行咨询审议。二是专家参与程度不断加深。与以往不同，“九五”计划首次在《基本思路》研究阶段邀请专家参与政策咨询。“十五”计划首次在《建议》起草阶段邀请专家参与，当时 40 多名专家与其他部委负责人共同参与了《建议》的起草工作。

部门积极参与重大问题研究。“八五”计划编制，按照国务院的要求，国家计委和各部门对今后十年和“八五”期间的国民经济与社会发展的主要问题进行了认真研究和测算，并提出政策建议。“九五”计划编制，在《基本思路》起草阶段，各部门都根据业务分工，积极开展对重大问题的研究。仅国家计委内部就围绕 22 个专题开展深入研究，并在此基础上提出计划的基本思路。在《建议》起草阶段，以国家计委为首的多家单位共派出 15 个专题调研组，针对经济社会发展的重大问题再次展开研究。

恢复并创新编制方法。一是恢复五年计划和十年规划相结合的编制方法。“八五”计划编制，时任国务院总理李鹏提出：“制定‘八五’计划要和十年规划结合起来。这是因为，一些有关国计民生的大项目，建设年限往往要超过五年，而且经济的发展是一个连续的过程，‘八五’计划也不能仅仅只考虑五年的经济问题，还必须考虑‘九五’期间乃至进入下个世纪的经济发展问题。”① 全国人大七届四次会议审议通过《关于国民经济和社会发展十年规划和第八个五年计划纲要的报告》。“九五”计划编制，全国人大八届四次会议通过了《国民经济和社会发展“九五”计划和2010年远景目标纲要》。二是转变思路，创新编制方法。从“十五”计划编制开始，对政府和市场的作用领域进行区分，统筹考虑充分利用国际和国内两个市场，改进目标指标的测算方式，等等。

恢复长周期充分论证计划的传统。以“七五”计划编制为例，1985 年 3 月，“七五”计划起草组成立后，先后讨论修改了四稿。1985 年 7 月初，中央书记处讨论“七五”计划四稿，并针对国际形势、产业问题、外贸外汇问题、消费基金、价格问题，以及“七五”计划编制方法和组织工作问题等提出意见，起草者根据意见修改形成第五稿。7 月中旬，中央书记处和国务院在北京召开了两百多人的讨论会，起草组针对大会意见修改形成第六稿。1985 年 8 月 20 日，中央政治局扩大会议针对第六稿提出若干意见，起草者修改形成第七稿。1985 年 8 月 30 日，中央办公厅向各地方、各部委机关、解放军总政治部，以及民主党派和无党派民主人士征求意见，起草者在此基础上修改形成第八稿。

4. 科学决策提升阶段：“十一五”规划至“十三五”规划

“十一五”规划、“十二五”规划在以往基础上，进入创新提升阶段。开创了包括建立评估机制、公开招标课题、竞争性研究课题项目、建立专家论证机制、中央常委带头密集调研等方式方法，助推科学决策进入新阶段。

国内外专家学者参与程度不断提升。第一，参与的机构越来越多元化。一是海外研究机构参与程度加深，“十一五”规划海外咨询机构首次通过招投标方式参与课题研究，“十二五”规划国外机构通过课题研究、被邀请参加研讨会和主动建言献策等渠道广泛参与规划编制。二是知名企业也逐步参与课题研究，“十三五”规划编制，阿里巴巴、复星集团等企

① 《李鹏论宏观经济》（上册），中国电力出版社、中央文献出版社 2012 年版，第 428 页。

业开始承担规划前期课题研究工作。第二，课题参与方式趋向多元化。制定“十一五”规划，以课题公开招标方式向社会咨询、征求方案，这在中国的历史上属于首次。“十二五”规划还通过委托多家研究机构开展竞争性研究，例如，《“十二五”规划总体思路及目标研究》同时委托国家信息中心、国家发改委员会宏观经济研究院、清华大学国情研究中心三家机构进行独立研究，形成了关于“十二五”规划三种不同的智库版思路。第三，规划专家委员会成员更多元化。“十三五”规划专家委员会除了各领域专家之外，还包括中粮集团有限公司董事长高宁、格力集团有限公司董事长董明珠、比亚迪股份有限公司董事长王传福等知名企业家。①

地区积极参与重大专题研究。比如“十二五”规划编制时期，福建省参与国家“十二五”规划《建议》重大课题——“关于内地与港澳、海峡两岸经济联系及相关战略研究”，并形成《海峡西岸经济联系及相关战略研究》和《内地与港澳经济联系及相关战略研究》两个课题报告。②

不断严格规划编制程序。一是建立评估机制。“十一五”规划编制，对“十五”计划的实施完成情况进行中期评估，这在我国的历史上属于首次。规划中期评估有利于根据形势变化和实施情况对规划进行调整，也有利于下一个五年规划的科学编制。二是建立专家论证机制。“十一五”规划编制开始，各领域专家组成的专家委员会首次对纲要草案进行论证，并实名签字是否同意，否则很难在全国人大上审议通过。③

（三）法治化决策

我国的十三个五年规划（计划）法治化决策之路，总体上经历了从萌芽到成熟的过程。其中，“一五”计划属于法治化决策萌芽阶段，但随后“二五”计划至“六五”计划过程法治化决策遭到破坏，“七五”计划至“十五”计划

① 《十三五规划：谁负责编制？谁有权建言？》，《无界新闻》2015 年 10 月 29 日。

② 王绍光、鄢一龙：《中国民主决策模式：以五年规划制定为例》，《马克思主义研究论库》第一辑，中国人民大学出版社 2015 年版，第 98 页。

③ 胡鞍钢：《国情报告》（第十七卷），党建读物出版社 2014 年版，第 454 页。

法治化决策进入规范阶段，“十一五”规划之后法治化决策逐步走向成熟。

1. 法治化决策萌芽阶段：“一五”计划

作为第一个全国性大规模建设计划，“一五”计划是边制定、边执行、边修正，前后四年（1951—1955 年）共经历五次编制。

第一次编制。1951 年 2 月 28 日，毛泽东在中共中央政治局扩大会议上提出“三年准备，十年计划经济建设”的思想，决定自 1953 年起实施第一个五年计划。1951 年，中财委试编出第一个五年计划粗略纲要。第二次编制。由于经济形势的好转，1952 年初，中央根据周恩来总理的提议，决定成立由周恩来、陈云、薄一波、李富春、聂荣臻、宋劭文组成的领导小组，负责加快“一五”计划的编制工作。1952 年 7 月，“一五”计划的第二次编制完成。第三次编制。1952 年 8 月，周恩来率队访苏就“一五”计划轮廓草案征求意见。1952 年底—1953 年初，陈云根据苏方的建议，组织中财委和刚成立的国家计委，对“一五”计划进行了第三次编制。第四次编制。1953 年 4 月，苏联经过研究，就“一五”计划问题正式给中方答复意见，国家计委根据意见进行了第四次编制。第五次编制。1954 年初，毛泽东要求重新编制“一五”计划。为了尽快拿出一个切实可行的“一五”计划，党中央决定成立以陈云同志为组长的八人小组，开始了“一五”计划的第五次编制。1954 年 4 月初完成“一五”计划的第五次编制。最后，形成的《中华人民共和国发展国民经济第一个五年计划草案（初稿）》经过中央政治局会议审议、讨论修改，1955 年 3 月党的全国代表会议讨论同意，于 1955 年 7 月一届全国人大二次会议审议通过。

从编制程序来看，由于缺乏经验，“一五”计划没有形成固定的编制周期和程序，属于“五年计划，计划五年”。但是，总的看，从“一五”计划开始，五年计划已经成为我国的一项基础性制度安排。① 具体来看，“一五”计划在管理机构和编制程序上初步实现了法治化决策的萌芽：管理机构上，由新成立的国家计委在国务院领导下负责起草编制五年计划；

① 许晓龙、李里峰：《“五年计划”的变与常：一项历史制度主义的考察》，《浙江学刊》2017 年第 3 期。

编制程序上，初步形成国务院牵头编制、中央政治局审议、全国人大审议通过的流程。

2. 法治化决策破坏阶段："二五"计划至"六五"计划

受领导主观意志、自然灾害和国际形势变化等多种原因影响，这一阶段的法治化决策出现一定程度的倒退。直到"六五"计划再次被全国人大通过并正式公布，法治化决策才宣告回归正常。

因为主客观原因，计划编制朝令夕改，编制制度的严肃性受到破坏。"二五"计划编制，鉴于计划编制工作的复杂性，中央提早编制"二五"计划。1956 年 9 月召开党的八大，审议并通过了"二五"计划建议。1957 年 3 月，国家计委根据中央《建议》开始编制"二五"计划草案。1957 年、1958 年，因为毛泽东提出"多、快、好、省"的指导方针，一再大幅度修改计划数字，之前的《建议》被搁置，导致无法拿出"二五"计划的正式方案，也没有正式经人大批准和公布。"四五"计划编制，原定 1970 年 8 月 23 日的庐山会议议程之一是讨论批准"四五纲要（草案）"，但由于特殊原因，只将部分修改的"四五"计划作为参考文件印发，征求意见。此后，1973 年 1 月、7 月、12 月，国家计委多次调整指标。最终"四五"计划只是以《纲要（草案）》、"主要指标"等形式下发，并未形成正式的法律文件。"五五"计划编制，受"文化大革命"影响，边实施边修改，在实施两年后才被通过。"六五"计划经历三次编制，第一次编制是把"六五"计划作为《1976—1985 年发展国民经济十年规划纲要》草案一部分内容，但因为周恩来、朱德、毛泽东相继去世，被搁置了。第二次编制，是国家计委根据全国计划会议的《关于经济计划的汇报要点》形成《1976—1985 年发展国民经济十年规划纲要（修订草案）》，并于 1978 年全国人大代表大会五届一次会议正式通过。第三次编制，因为第二次编制的指标过高，1979 年 4 月的中共中央工作会议同意按照中央提出的"调整、改革、整顿、提高"的方针第三次编制"六五"计划。

其间，编制机构被调整，甚至被迫害。"四五"计划编制时期，编制计划的领导和人员受到不同程度的破坏。一是主要领导受打压迫害。刘少奇、邓小平、陈云等同志或被打倒，或受冷遇。周恩来亲自指导国家计委修订“四五”计划，但受“四人帮”不同程度干扰。二是编制机构人员被下放。由于全国执行战备大疏散，国家计委大部分主力人员被下放到湖北襄樊“五七”干校，其中包括薛暮桥、朱镕基等青年后备干部。国家计委只留下十几个人组成的计划起草小组，协助处理一些简单事宜。①

1982 年 12 月 10 日，前后共编制 7 年时间的“六五”计划终于在五届全国人大五次会议审议通过，说明五年计划法治化决策在经历“二五”计划至“五五”计划的扭曲之后，终于回到正常轨道。正如有人感慨，“二十多年过去了，又在报纸上看到五年计划，真有久别重逢之感。这件事本身就说明，我国的政治生活和经济生活已经重新走上健康发展的轨道”②。

3. 法治化决策规范阶段：“七五”计划至“十五”计划

“七五”计划至“十五”计划，五年计划的编制时间、编制程序和机构职能逐步规范化。

编制时间规范化。“七五”计划开始步入规范化。从 1983 年开始编制到 1986 年 3 月六届全国人大四次会议审议通过，“七五”计划成为新中国成立以来首个在五年计划期的开年就发布的计划。“九五”计划开始完全规范化。五年计划是在前一个五年计划实施过半时开始编制，到通过的前一年的 2 月份开始起草《建议》，10 月份通过建议，到新的计划期第一年 3 月份通过计划。五年计划逢一、逢六编制，而中共中央委员会和国务院逢二、逢七换届，这也使得五年计划成为上下届中央委员会和上下届国务院之间保持政策连续性的一种机制安排。③

编制程序规范化。从“七五”计划开始，开始恢复由党中央提出五年计划《建议》的做法。“九五”计划开始，在《建议》起草前面增加“前

① 刘国光：《中国十个五年计划研究报告》，人民出版社 2006 年版，第 294 页。

② 谢素芳：《中国道路是怎样走出来的——记全国人大审查批准国家五年规划（计划）》，《法治与社会》2013 年第 12 期。

③ 鄢一龙、胡鞍钢、王绍光：《中国中央政府决策模式演变——以五年计划编制为例》，《清华大学学报》（哲学社会科学版）2013 年第 3 期。

期研究”这一阶段，总体上形成“前期研究—基本思路—建议起草—纲要编制”四大阶段的程序。

机构职能规范化。“七五”计划将编制五年计划的《建议》作为党中央的一项职责。《建议》由党的全国代表会议通过，但当时的会议具有临时性，还没有形成制度化。“八五”计划的《建议》，由中共中央全会通过。到“九五”以后，则进一步固定为由各届中共中央的五中全会通过，成为制度化。《纲要》由国家计委（发改委）编制，“九五”计划之后，固定为由全国人大四次会议审议批准。

“十五”计划编制期间，历史上首个关于五年计划编制的正式文件——《关于“十五”规划编制方法和程序的若干意见》正式颁布，这预示着五年计划决策初步法治化。

4. 法治化决策成熟阶段：“十一五”规划至“十三五”规划

2005 年，《国务院关于加强国民经济和社会发展规划编制工作的若干意见》（国发〔2005〕33 号）文件出台，对规划编制程序及方法、规划编制前期工作、规划编制的社会参与和论证制度、规划的审批管理、规划评估调整机制等都进行明确。2018 年，中共中央、国务院发布《关于统一规划体系更好发挥国家发展规划战略导向作用的意见》（中发〔2018〕44 号）文件，强调从“理顺规划关系”“统一规划体系”“完善规划管理”“提高文本质量”“强化政策协同”“健全实施机制”“加快建立制度健全、科学规范、运行有效的规划体制”等多个方面着手，实现十九大报告提出的“更好发挥国家发展规划战略导向作用”的重要目标。

（四）衔接协调

随着我国规划体系逐步完善，关于“注重各级各类规划之间的衔接协调、形成规划合力”的要求也提上了日程。

我国的规划衔接协调是从“十一五”规划开始的。“十一五”规划期间，国务院出台了《国务院关于加强国民经济和社会发展规划编制工作的若干意见》（国发〔2005〕33 号）文件，首次提出三级三类规划体系，并明确了规划编制的衔接协调机制。“十三五”规划期间，中共中央、国务院发布《关于统一规划体系，更好发挥国家发展规划战略导向作用的意见》（中发〔2018〕44 号）文件，首次提出“三级四类”规划体系，并强调要进一步“理顺规划关系”“统一规划体系”，对发展规划的统领作用进行了更加明确的描述，并强调要出台发展规划法，真正发挥发展规划对空间、专项、区域规划的统领作用，实现“更好发挥国家发展规划战略导向作用”的重要目标。

具体来看，对于上下级发展规划而言，下级发展规划要在同级人大审议之前，由本地区发改委将规划纲要草案提交上级发改委进行衔接。上级发改委在征求相关部门意见后，向下级反馈衔接意见。比如“十一五”规划期间，国家发展规划要求单位 GDP 能耗指标降低 20%，12 个省市规划提出的目标值低于 20%，19 个省市规划提出的目标值大于或者等于 20%。在与国家发改委衔接协调之后，低于国家目标的 12 个省市，除了西藏之外，都不同程度提高了目标值，高于国家目标值的 19 个省市，国家发改委鉴于其中 3 个省市在上一个规划中没有完成国家下达的目标，因此调低了目标值。①

对于国家级专项规划、区域规划、空间规划而言，由相关部门编制，报国务院审批。规划期与国家发展规划不一致的，根据同期发展规划的安排对规划的目标和任务进行调整或者修编。

（五）适时调规

国家的规划中期评估是从“十五”计划开始的。但是从“十一五”规划开始，2005 年，在“十五”计划中期评估实践基础上，《国务院关于加强国民经济和社会发展规划编制工作的若干意见》（国发〔2005〕33 号）文件出台，制定了“实行规划中期评估制度”。2007 年《中华人民共和国各级人民代表大会常务委员会监督法》出台，对“依据中期评估的结果进行调整修订”做了明确具体的规定，要求“经中期评估需要修订规划的要

① 鄢一龙：《目标治理：看得见的五年规划之手》，中国人民大学出版社 2013 年版，第 197 页。

报同级人大常务委员会批准”。

对规划进行中期评估，主要是评估规划实施是否符合预期、规划目标设置是否合理、国内外发展环境是否发生重大变化，等等。对于国家规划而言，虽然没有发生在中期阶段修订的情况，但是都根据中期评估结果对具体的措施、年度计划进行了某种程度的调整。[①] 例如“十一五”规划期间，国际金融危机爆发，对“十一五”规划中期评估发现，国际金融危机的后续影响会持续相当长的时间，而我国经济的对外依存度当时比较高，因此国内经济，尤其是沿海地区会受到比较大的影响。为此，评估报告从改善民生、扩大内需、加强基础设施建设、产业结构升级等方面提出一系列的重大项目工程，为后两年的政策着力点找到了依据。对于地方发展规划而言，部分地区根据中期评估的结果，结合本地区实际情况对规划的目标值、重点项目等进行了调整修订，并报同级人大批准。例如，广东省陆河县对“十三五”规划评估发现，存在经济总量不大、产业结构调整慢、项目工程推进不够、发展理念贯彻不到位等问题。基于此，陆河县提出对部分预期性指标和部分重点项目进行了调整，并报送同级人大批准通过。

（六）决策共识

纵观我国十三个五年规划（计划）的编制发展历史，决策共识总体上经历了从水平一般到水平较高的过程。其中，“一五”计划属于决策共识水平一般阶段，但随后“二五”计划至“六五”计划过程决策共识水平进入起伏阶段，“七五”计划至“十五”计划决策共识范围不断扩大，“十一五”规划之后决策共识程度不断加深。

1. 共识水平一般阶段：“一五”计划

作为新中国成立后编制的第一个五年计划，由于缺乏经验，“一五”计划属于“边制定、边修改和边实施”，达成的共识总体一般。

从中央决策高层来看，毛泽东 1955 年就开始批判右倾保守主义思想，

① 杨伟民：《新中国发展规划 70 年》，人民出版社 2019 年版，第 260 页。

提出“经济发展的速度应该快一点，不要出现‘三大改造’走在工业化前面的现象”，导致1956年的工业总产值、粮食和棉花产量等指标均高于“一五”计划制定的1957年要达到的水平。

但“一五”计划达成共识的基础并不牢固。国家第一次编制如此复杂的五年计划，缺乏经验。1957年，毛泽东对经济计划工作作出批示：“第二个五年计划先搞出一个框框来，拿到中央讨论讨论，不要等都搞好了，来个一大本，看不了。”①

2. 共识水平起伏阶段：“二五”计划至“六五”计划

从“二五”计划到“六五”计划这一总体阶段来看，共识水平总体处于“V”形变动趋势。从“二五”计划开始，计划决策共识水平开始下滑，到了“文化大革命”阶段，计划很难达成共识，到了“六五”计划开始恢复正常。这一点也反映在计划文本的公布上，“二五”计划、“三五”计划、“四五”计划和“五五”计划因为种种原因没有达成最终的决策共识而没有出台，直到“六五”计划才再次被全国人大通过并正式公布。另外，从每一个单独的计划决策过程来看，共识水平也出现明显的起伏。

“二五”计划编制过程中，在“二五”计划建议通过之前，相关决策主体达成的共识是真共识。周恩来在主持编制“二五”建议的时候，妥善处理分歧。比如“关于工业方面的指标，有的取得了一致意见，有的未能取得一致意见。经商定，凡意见一致的，即写一个数字；凡意见不一致的，即写两个数字，作为上限和下限的机动幅度。例如，1962年的钢产量指标就是两个数字：1050万—1200万吨。”② 但是后期周恩来、陈云等领导人受到政治上批判而不再针对“二五”计划编制提出相反的意见，甚至放弃反冒进的主张。③

“三五”计划编制前中期，因为吸取“大跃进”的经验教训，毛泽东开

① 参见刘国光《中国十个五年计划研究报告》，人民出版社2006年版，第139页。

② 《薛暮桥回忆录》，天津人民出版社2006年版，第180页。

③ 刘国光：《中国十个五年计划研究报告》，人民出版社2006年版，第136、141页。

始注意倾听刘少奇、周恩来、陈云、邓小平等国家领导人的意见，达成将“三五”计划核心工作放在解决人民群众的“吃穿用”上的决策共识。但是这种共识是脆弱的、不牢固的。“三五”计划编制后期，由于毛泽东对国际形势判断发生转变，认为帝国主义即将发动战争，于是将“三五”计划指导思想由解决“吃穿用”改为“解决吃穿用＋三线建设”并重。虽然是部分推翻之前达成的共识，但是因为周恩来、邓小平等领导人坚决执行毛泽东制定的战略，因此实际上也算是达成了共识。只是这个共识并没有真正反映其他领导人的真实想法，共识的质量并不算高。

相对于之前，由于受到“文化大革命”的严重影响，“四五”计划编制过程并没有达成决策共识。1971 年周恩来领导国家计委调整“四五”计划指导思想和主要指标，取得一定范围和程度的内部共识。例如在引进国外先进设备的问题上，先是国家计委内部反复讨论研究取得共识，向国务院上报《关于增加设备进口扩大经济交流的请示报告》，获得国务院的批准，最后上报毛泽东取得同意。但由于个别人的阻挠，导致在一些事项上已经形成的共识被破坏，部分文献的起草夭折了。

“五五”计划编制前期，新的“跃进”计划并没有达成广泛的决策共识。“五五”计划编制后期，十一届三中全会确立“实事求是、解放思想”的方针之后，邓小平、陈云、李先念等国家领导同志重新达成新的决策共识，决定实行“调整、改革、整顿、提高”方针。虽然在各省市和各部门以及国家计委内部针对发展速度、积累率等重要指标的调整存在分歧，但是在高层领导内部已经形成了相对稳定的决策共识。

“六五”计划编制过程中，虽然部委、地方和专家针对积累和消费的比例等内容出现了意见分歧，但是分歧的出现恰恰却推动各方深入研究，拿出真知灼见相互讨论。中央高层领导在各方意见的基础上拍板确定，形成最后的决策共识。可以说“六五”计划编制过程的共识形成总体恢复到甚至好于“一五”计划的决策共识水平。“六五”计划也成为继“一五”计划以后第二个经全国人大正式批准通过和公布的五年计划。

3. 共识范围扩大阶段：“七五”计划至“十五”计划

“七五”计划至“十五”计划，随着政治生活的正常化，该阶段五年计划编制决策的共识水平总体属于提升阶段，核心特点是共识的范围不断扩大。

“七五”计划开始，编制决策共识的范围越来越广，逐步扩大到地方、部门甚至老同志、专家。比如“七五”计划编制过程中，党的十二届三中全会召开前夕，经济学家马洪写了一个《关于社会主义有计划的商品经济的再思考》报告递交给中央领导，建议将“有计划的商品经济”写进计划当中。国家领导人将该报告送给一些老同志。老同志们并没有提出反对意见。随后在多次讨论过程中，大家对此均表示同意，最后“以公有制为基础的有计划的商品经济”的概念写进了计划和报告中。①

这一阶段的共识范围也逐步扩大到社会公众，形成广泛的社会共识。以“十五”计划编制为例，首次面向社会公众征求意见。社会公众通过各大媒体专栏、电子信件等渠道提出对未来五年的期待和改善自身生活的诉求，经过发改委工作人员归类、凝练后反映在“十五”计划文本当中。“十五”计划共收集了1800多条社会公众的意见和建议。

4. 共识程度加深阶段：“十一五”规划至“十三五”规划

总体看，“十一五”规划至“十三五”规划这一阶段的决策共识程度不断加深。

第一，“十一五”规划开始，国务院总理担任“十一五”规划建议起草小组组长，而“十三五”规划，总书记亲自担任规划建议起草小组组长，说明国家领导人越来越重视规划的编制决策。领导重视往往会带动下属部门的重视。先是总理，然后是总书记亲自担任起草小组组长，会激发各地方、各部门对规划编制决策的重视，严格遵循程序、加深调查研究，利于促进各个层面形成更深程度的共识。

① 安志文：《80年代中国改革开放的决策背景》，载中国经济体制改革研究会编《与改革同行》，社会科学文献出版社2013年版，第10页。

第二，随着以智库专家为代表的知识精英影响决策的意识提高，更多的国内外研究机构主动参与到规划相关重大问题的研究当中。而且，从“十一五”规划开始，规划提交审议必须要有专家的论证报告，这就倒逼规划决策过程必须形成包括专家在内的高度共识。以“十一五”规划为例，白和金专家提到“整个规划前前后后一共修改了多少次，我也说不清楚了。从内容、结构到具体表述，几乎都进行过修改”①。每一次修改都是吸纳不同主体共识的过程，修改的次数越多，吸纳的意见越多，共识的程度也越深。整个规划的编制决策，就是各方面共识达成的过程。实际上，很多规划涉及的问题综合性很强，并不是某一个领导或者专家单独提出或者解决的，而是大家集思广益、互相促进、互相启发进行解决的。

第三，“十一五”规划开始建立了中期评估机制，将规划编制的过程拉长至上一个五年规划的中期评估阶段。这有利于有更长的周期编制下一个五年规划。足够的论证周期十分有利于决策共识程度的加深。

（七）文本质量

纵观我国十三个五年规划（计划）的编制发展历史，规划文本质量总体上经历了从跟随模仿到独具特色的过程。其中，“一五”计划属于文本质量较好阶段，“二五”计划至“六五”计划的文本质量处于起伏阶段，“七五”计划至“十五”计划的文本质量处于回升阶段，“十一五”规划之后文本质量进入成熟阶段。

1. 文本质量较好阶段：“一五”计划

作为国家的第一个五年计划，虽然缺乏经验，但是因为苏联的帮助和国家领导人的集体决策，“一五”计划文本质量较好。

一是国家领导人急于建立独立的工业体系，内容全面性不够：对国家基本建设安排注意得较多，对全国人民生产生活安排注意的较少（生产性

① 《“十一五”如何规划我们的未来生活》（http://china.zjol.com.cn/system/2006/03/06/006500857.shtml），2006年3月6日。

积累率达到59.8%）；在生产安排中，对国营经济的安排注意得比较多，对其他经济成分的安排注意得比较少；对中央所管理的企事业注意得比较多，对地方经济和地方事业注意得比较少。

二是计划指标设置开始过高，后面降低。“一五”计划主要是对工农业产品指标进行测算，虽然过程中作了周密调查，花了大力气收集资料，但是由于信息不对称、我国经济社会状况复杂和编制时间紧等因素，“一五”计划文本存在部分脱离实际、自相矛盾、多变性和滞后性等问题。不少国营企业和部门为了增加完成任务的保险系数、减轻压力，在制定生产计划和预期利润时，都尽可能地压低指标。时任财政部部长的李先念说：“一些企业和部门在提高生产和增加利润时是保守的，而在增加投资和建设新项目（即向上要钱、增加投入）时则是冒进的。”① 但是，经过苏联建议，刘少奇、周恩来、陈云等领导人深入调查研究，还是把过高的指标压低了。

2. 文本质量起伏阶段：“二五”计划至“六五”计划

总体来看，“二五”计划至“五五”计划的内容比例和指标设置出现多次起伏。到了“六五”计划，恢复正常。

受“反反冒进”指导方针和“大跃进”运动的影响，“二五”计划文本质量相对“一五”计划直线下滑。一是积累和消费比例失调。受“大跃进”的影响，“二五”计划积累率达到30.8%，其中生产性积累率达到87.1%，导致三年经济困难局面。二是指标设置不断虚高。1955年8月，国家计委初步提出各指标的初步设想。在“多、快、好、省”方针影响下，1956年初、1956年4月，“二五”计划指标两次拔高。虽然，1956年初到9月八大召开期间，周恩来多次调低指标，但仍然偏高。如周恩来所说，“八大《建议》一个最大的缺点是同中国情况和中国特点结合不够，从六亿人民出发不够”②。1957年中共八届三中全会后，新修订的“二五”

① 《李先念论财政金融贸易》，人民出版社1992年版，第100页。

② 转引自王亚平《第二个五年计划的回顾》，《党史研究》1987年第4期。

计划不断虚高。

在“以战备为中心”思想指导下，“三五”计划文本存在诸多不足。一是农轻重比例失调，“三五”计划在战备思想指导下，将农业和轻工业内容比重下调，让位给军事工业和重工业。重工业在基建投资中占比51.1%，而轻工业占比则为新中国成立以来最低，对人民生产、生活产生影响。[①] 二是积累和消费比例失调。在极“左”思潮影响下，片面理解“革命加拼命”“先生产后生活”，“三五”计划积累率达到26.3%，其中生产性积累率达到75.4%，导致基本建设投资过快，超出国力、人力、财力的支撑。三是指标调整矫枉过正。鉴于苏联和“大跃进”的经验教训，毛泽东多次强调计划要考虑“老百姓”“打仗”和“灾荒”三个因素[②]，基本建设投资指标不能定得太高，要“留点余地给老百姓”。但矫枉过正，“三五”计划指标过于偏低。1970年，“三五”计划制定的各项指标基本实现，但考虑到1967年和1968年因为“文化大革命”导致经济出现负增长，实际上“三五”计划的指标在头三年就超额完成了。因此，“三五”计划被称为“三年计划”，完成上具有一定的水分。[③]

“四五”计划在内容上出现新的进步，但指标设置有所起伏。第一，文本内容出现三个进步：一是第一次把人口增长指标纳入国家计划，计划生育成为了基本国策；二是第一次把环境保护政策列入计划当中，成为了基本国策；三是首次制定农村普及教育战略目标，走上普及九年义务制教育的道路。第二，内容比例和指标设置先失衡后纠正。1971年，中央计划中关于农业和轻工业内容下调，让位给军事工业和重工业。同时，计划追求高速度、高指标，提出的工业年均增速高达12.8%，五年基建投资合计1200亿—1300亿元，大大超过“三五”计划850亿元的规模。要求各省、

---

① 薄一波：《若干重大决策与事件的回顾》（下卷），中共中央党校出版社1993年版，第460页。

② 薄一波：《若干重大决策与事件的回顾》（下卷），中共中央党校出版社1993年版，第670页。

③ 薄一波：《若干重大决策与事件的回顾》（下卷），中共中央党校出版社1993年版，第670页。

市、区在最短时间内力争实现《全国农业发展纲要》提出的耕作机械化程度达到40%—50%的要求，等等。之后，周恩来组织纠正“极左”思潮，逐步修改“四五”计划的内容比例和指标设置。将国民经济的首要位置由战备转向农业发展，调高了农业财政、投资、用钢量等指标，调低了基本建设、国防经费占财政支出比重等指标。

跟“四五”计划类似，“五五”计划内容比例和指标设置也是先失衡后纠正。十一届三中全会之前，中央领导想把“文化大革命”耽误的时间抢回来，因此提出的指标并不完全符合实际。和1975年起草的《十年规划纲要（草案)》相比，很多指标进一步提高。比如，1985年的钢产量、原煤产量、发电量、化纤等分别由5500万吨、7亿—7.5亿吨、4300亿度、80万—100万吨提高到6000万吨、9亿吨、4800亿—5000亿度、150万吨。房维中指出：“这个十年规划，因为没有考虑经过十年‘文化大革命’的破坏，国民经济比例关系严重失调，农业生产严重下降，人民生活十分困难，本来应当调整比例关系，让农民休养生息，结果来了个争时间、抢速度、大干快上。”① 十一届三中全会之后确立了“解放思想、实事求是”指导方针之后，不但对计划指标进行调整，还对政治和经济体制等内容进行了大量修改。

吸取过去的经验教训，“六五”计划文本质量回归正常。第一，指导思想更加务实。改变过去只重视经济发展速度、忽视经济社会效益的状况，“六五”计划提出要把全部工作重心转移到提高经济效益为中心的轨道上来。围绕这一指导思想，规划文本提出诸如“依靠政策和科学，加快农业发展”等十条相配套的经济建设方针。第二，规划内容更加丰富。一是增加社会发展和人民生活方面的内容，并把国民经济计划改名为“国民经济和社会发展计划”；二是增加了经济体制全面改革的内容，强调从僵化单一的计划经济体制向有计划的商品经济的新体制转变；

① 房维中：《心情最舒畅的是第一个五年计划—— 对“一五”到“五五”五个五年计划的回忆》，《中国战略新兴产业》2018年第45期。

三是增加科学技术发展任务、对外贸易和对外经济技术交流和精神文明建设等内容。第三，规划指标更加平稳。经过慎重讨论，“六五”计划经济增速这一核心指标确定为“平均每年递增 4%，在执行中争取达到 5%”。

3. 文本质量回升阶段：“七五”计划至“十五”计划

“七五”计划至“十五”计划，计划性质、内容比例和指标设置等方面不同程度作出调整，文本质量总体属于提升阶段。

和以往相比，“七五”计划进行了多处创新。一是内容创新。以往的计划都只单纯强调数量指标，而忽略经济体系的运行和长远发展战略。“七五”计划进行了大变革，改变过去以指标为主的做法，而以制定发展战略和方针政策为主。① “七五”计划强调经济体制改革、加强重点建设、技术改造和智力开发、改善人民生活等主要任务，尤其是将改革作为首要任务。“七五”计划首次提出“从宏观上加强、完善间接调控体系”。二是指标创新。为了解决“社会总产值”指标统计上重复计算问题，以及便于和其他国家进行横向比较，“七五”计划首次设置“国民生产总值”和“第三产业”的指标，并明确三次产业的划分。三是指标设置切合实际。“七五”计划的工农业总产值和国民生产总值分别年均增长 6.7% 和 7.5%。总体看，“七五”计划被邓小平评价为“方针政策是正确的，确定的目标是切合实际的，是一个好文件”②。

“八五”计划的文本体量出现调整。与之前的计划相比，“八五”计划纲要的文字削减到只有 3 万多字，但内容跟“七五”计划一样丰富，从方向、政策上引导社会经济发展，而不是规定过多的指标。③ “八五”计划根据形势变化调整指标。最初制定“八五”计划的时候，国家对内全面治理

---

① 陈先：《周总理组织和审议“二五”至“四五”计划》（http://cpc.people.com.cn/GB/69112/75843/75872/5166374.html）。

② 《邓小平同志论坚持四项基本原则反对资产阶级自由化》，人民出版社 1989 年版，第 128 页。

③ 李安定：《走向新世纪的行动纲领——国家计委副主任房维中谈十年规划和“八五”计划纲要》，《瞭望周刊》1991 年第 14 期。

整顿经济，对外面对西方国家的经济制裁，国务院副总理兼国家计委主任邹家华提出："要把困难想得严重一些……在订计划时要留有充分的余地。"① 因此，最初的"八五"计划规定国民经济保持6%左右的中速增长。1992年邓小平南方谈话之后，我国改革开放和现代化建设进入了一个新阶段，国民经济进一步发展呈现出许多有利条件。1993年3月7日的中共十四届二中全会通过《关于调整"八五"计划若干指标的建议》，"八五"计划后三年，国民经济增长速度由6%调高到8%—9%，第一产业由原定的3.2%调整为3.5%，第二产业由5.6%调整为10%左右，第三产业由9%调整为10%以上。

"九五"计划和"十五"计划在性质和内容上出现比较大的改变，指标设置也比较稳妥。计划性质出现质的转变，"九五"计划和"十五"计划作为社会主义市场经济下的五年计划，明显突出宏观性、战略性、政策性、预测性和指导性，更多强调市场在国家宏观政策指导下发挥对资源配置的基础性作用。内容更加全面，均强调以经济结构的战略性调整为主线，充分体现了经济增长方式的转变；更加重视区域经济协调发展，增加缩小地区发展差距内容；更加重视生态环境保护，实施可持续发展战略；更加重视促进科技、教育与经济紧密结合，实施科教兴国战略。核心指标设置稳妥，"九五"计划经济增速按8%左右安排，比"八五"计划的速度低一些，"十五"计划经济增速按年均7%安排。一是考虑保持经济总量平衡和宏观经济稳定，把过高的通货膨胀率明显降下来；二是考虑为深化改革创造宽松的经济环境；三是考虑把经济工作的重点从偏重追求速度转到注重提高经济整体素质和效益上来。②

4. 文本质量成熟阶段："十一五"规划至"十三五"规划

"十一五"规划进行了三大创新。一是首次将"计划"修改为"规划"。一字之差，表明了从偏重于经济发展转向经济和社会均衡发展。二

---

① 邹家华：《在全国省市区计委主任座谈会上的讲话》，《计划经济研究》1990年第1期。

② 《曾培炎论发展与改革》（上卷），人民出版社2014年版，第197页。

是首次划分约束性指标和预期性指标。预期性指标依靠市场主体自主实现，政府主要是创造良好环境。约束性指标是政府在公共服务领域的承诺，必须运用公共资源确保在规划期内完成。三是内容上进行诸多创新。首次将服务业发展内容单独成篇，首次提出缩小地区差距新内涵，首次在全国划分主体功能区，首次划定政府公共服务领域。

“十一五”规划标志着五年规划文本质量走向成熟，“十二五”规划和“十三五”规划主要在“十一五”规划基础上进行微调。例如，一是指标上更强调非经济类指标的比例。根据统计，“十一五”规划的非经济类指标占比77.3%，而“十二五”规划和“十三五”规划的非经济类指标均突破80%，分别达到87.5%和84.0%。二是内容上更强调虚实结合。在强调发展规划基本思路的宏观性、战略性和前瞻性的同时，运用专栏、图表、文字表述、开展评估等方式强调发展规划的针对性和操作性。

（八）规划实施绩效

通过对中国“一五”计划至“十三五”规划指标完成率[①]进行评估，单个规划（计划）的实施绩效有高有低，从高到低的完成率排名依次是：“十二五”（96.0%）、“八五”和“十三五”[②]（92.0%）、“十一五”（86.4%）、“六五”（84.6%）、“一五”（84.0%）、“九五”（75.0%）、“七五”（71.4%）、“十五”（64.3%）、“三五”（46.9%）、“四五”（34.6%）、“五五”（31.3%）、“二五”（0%）。[③] 以阶段来划分会发现，呈现“较高—骤降—回升—提升”的清晰轨迹：第一阶段（“一五”计划）指标完成率84.4%；第二阶段（“二五”计划至“六五”计划）骤降至39.5%；第三阶

① 指标完成率，指完成计划（即完成百分数在100%及以上）的指标数与指标总数的比值。

② “十三五”规划有25个指标。国家发改委总经估显示，国内生产总值、全员劳动生产率、研究与试验发展（R&D）经费投入强度、居民人均可支配收入增长、单位GDP能源消耗降低等5项指标未完成。但是，国内生产总值、全员劳动生产率、单位GDP能源消耗降低是受2020年新冠疫情影响而未完成，在此，本书假定未发生新冠疫情的话，这三项指标均能如期完成。

③ 鄢一龙、胡鞍钢：《中国十一个五年计划实施情况回顾》，《清华大学学报》（哲学社会科学版）2012年第27（4）期。

段（“七五”计划至“十五”计划）回升至75.8%；第四阶段（“十一五”规划至“十三五”规划）进一步提升到91.4%。如图3.3所示。

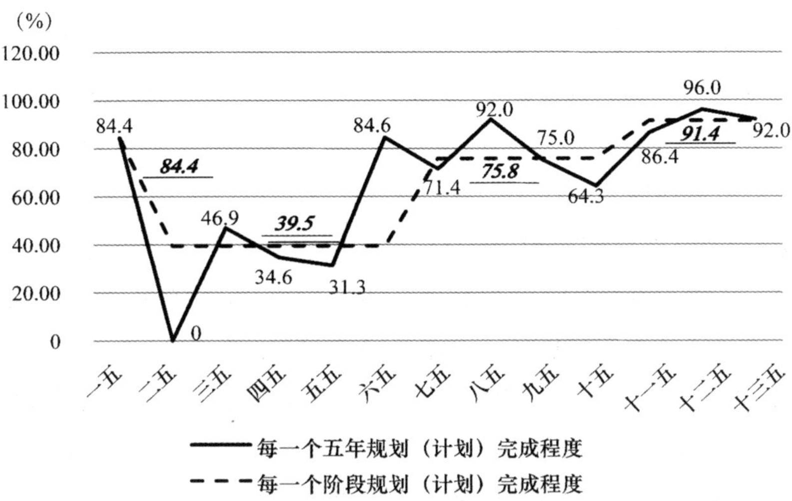

图3.3 中国十三个五年规划指标完成情况定量评估图

第一阶段，“一五”计划完成程度较好。第一个五年计划是改革开放前实施最好的五年计划。虽然中间经历经济体制的剧烈变动和经济增长的两次波动，但到1957年总体完成。具体来看，“一五”计划的32个指标，包括工农业总产值增长率、工业总产值增长率等27个指标完成百分数①超过100%，总体指标完成率为84.4%。

第二阶段，“二五”计划至“六五”计划完成程度出现骤降，平均完成率只有39.5%。“二五”计划有21个指标，完成率为0%。只有合计财政收入的完成百分数最高（40.5%），总体指标的完成百分数平均值只有21.0%。“三五”计划有51个指标，完成率为46.9%，除了中等专业在校生数和高等学校在校生数完成百分数较低外（分别为1.9%和5.5%），其余完成百分数都在60%以上。“四五”计划有52个指标，完成率为

① 完成百分数指的是指标的实际值与计划值之比。

34.6%，化肥产量、合成橡胶、铝的完成百分数降低，分别只有16%、28%、39%之外，其余一部分指标完成百分数都是在40%—50%之间。“五五”计划有16个指标，完成率为31.3%，虽然“五五”计划的完成率比较低，诸如工农业总产值增速、工业总产值增速、财政收入等8个指标完成率均超过90%，甚至接近100%。“六五”计划有33个指标，完成率为84.8%，完成百分数均值高达178%，成为继“一五”计划之后完成情况最好的五年计划。

第三阶段，“七五”计划至“十五”计划的完成程度实现总体回升，平均完成率达到75.8%。“七五”计划有28个指标，完成率71.4%，没有完成的指标中，除了“农民纯收入年增长”、“农村居民消费水平年均增长”两个指标的完成百分数较低（分别为39%和47%），其余指标完成百分数都在70%以上。“八五”计划有27个指标，完成率92.6%，只有“医院病床新增数”和“新增专业技术卫生人员”两个指标未完成（完成百分数分别为47%和72%）。“九五”计划有16个指标，完成率是75%。“十五”计划有45个指标，完成率虽有所下降，但是也维持在64.3%的水平。

第四阶段，“十一五”规划至“十三五”规划的完成程度全面上升，平均完成率提升到91.4%。“十一五”规划有22个指标，完成率86.4%，除了“研究与试验发展经费支出占GDP比重”的完成率较低（44.1%），“服务业增加值比重”、“服务业就业比重”两个指标的完成率均分别达到83.3%和67.5%。“十二五”规划有24个指标，完成率95.8%，只有“研究与试验发展经费支出占GDP比重”这一指标没有完成。“十三五”规划有25个指标，截至2018年年底，有21项指标完成情况达到或超过时序进度，完成率达到84%，“服务业增加值比重”、“研发经费投入强度”两项预期性指标和“新增建设用地规模”、“地表水劣V类水体比例”两项约束性指标相对滞后于时序进度。① 按照“十一五”规划和“十二五”

① 姜佳莹、胡鞍钢、鄢一龙：《确保实现第一个百年奋斗目标——国家“十三五”规划实施评估（2016—2018）》，《新疆师范大学学报》（哲学社会科学版）2019年第4期。

规划的约束性指标完成情况，到 2020 年年底，两项约束性指标均如期完成，“十三五”规划的完成率至少达到 92%。

表 3.2　　　　　十三个五年规划（计划）的编制决策一览表

	决策方式			调整方式		决策共识	文本质量	实施绩效
	民主决策	科学决策	法治决策	衔接协调	适时调规			
第一阶段	初具雏形	初步探索阶段	初步萌芽阶段			水平一般	质量较好	84.4%
“一五”计划	征求苏联意见；征求部门、地方和先进人物的意见；主要领导民主决策	模仿苏联主要产品平衡法；信息获取不及时不全面不准确，长周期论证弥补不足	初步形成国务院领导下计委编制、中央政治局审议、全国人大审议通过的流程			国家领导人形成不冒进的决策共识，但是基础并不牢固	内容全面性不够；指标设置开始过高，经苏联建议、调查研究后压低	84.4%
第二阶段	民主决策由破坏到重建阶段	科学决策反复阶段	法治决策破坏阶段			共识水平起伏阶段	文本质量起伏阶段	39.5%
“二五”计划	民主决策到个人决策	科学决策受影响	多次大幅修改计划，《建议》被搁置，计划没有经人大批准公布			前期形成一定程度共识，后期决策共识水平开始下滑	相对“一五”计划，文本质量直线下滑	0%
“三五”计划	个人决策	前中期较科学，后期较为仓促	计划没有经人大批准公布			前期形成一定共识，后期部分共识被推翻	内容比例失衡，指标设置过低	46.9%
“四五”计划	个人决策达到顶峰	编制方法受到破坏；没有得到充分论证	受迫害，计划工作不正常，未经人大通过公布			总体而言，没有达成广泛决策共识	内容出现新进步，但指标设置有起伏	34.6%

续表

	决策方式			调整方式		决策共识	文本质量	实施绩效
	民主决策	科学决策	法治决策	衔接协调	适时调规			
『五五』计划	个人决策恢复到民主决策	前期改良编制方法、调研；中期忽视规律；后期再次调整计划	边实施边修改，受“文革”、领导人逝世、唐山地震影响，未公布			前期没有达成决策共识，后期形象相对稳定的决策共识	内容比例和指标设置先失衡后纠正	31.3%
『六五』计划	总体恢复民主决策	一定程度恢复科学决策	经历三次修改，人大批准通过			决策共识水平好于“一五”	文本质量回归正常	84.8%
第三阶段	民主决策广度扩大阶段	科学决策恢复阶段	法治决策规范阶段			共识范围扩大阶段	文本质量回升阶段	75.8%
『七五』计划	行政层面包括党政军负责人、民主党派和无党派人士	通过座谈会邀请专家参与讨论预测；长周期论证，先后修改八稿	规范编制时间；恢复党中央提建议的做法			共识范围扩大到地方、部门、老同志和专家等主体	内容和指标创新，指标设置切合实际	71.4%
『八五』计划	继续广泛征求行政和社会层面意见	专家课题常态化参与；各部委参与研究；五年计划和十年规划相结合的编制方法	建议首次由中共中央全会通过			共识范围扩大到地方、部门、老同志和专家等主体	文本字数减少，但内容丰富；指标根据形势适时调整	92.6%
『九五』计划	专家咨询范围扩大	专家参与到基本思路研究；各部委参与重大问题研究	编制时间、编制程序、机构职能规范化			共识范围扩大到地方、部门、老同志和专家等主体	计划性质出现质的转变，内容更全面。核心指标较稳妥	75%（93.8%）*
『十五』计划	将征求意见范围扩大到社会公众	首次成立专家规划咨询审议会；让专家参与建议起草	出台首个关于计划编制方法和程序的文件			共识范围逐步扩大到社会公众，形成广泛的社会共识	计划性质出现质的转变，内容更全面。核心指标较稳妥	64.3%（73.2%）*

续表

<table>
<tr><th rowspan="2"></th><th colspan="3">决策方式</th><th colspan="2">调整方式</th><th rowspan="2">决策共识</th><th rowspan="2">文本质量</th><th rowspan="2">实施绩效</th></tr>
<tr><th>民主决策</th><th>科学决策</th><th>法治决策</th><th>衔接协调</th><th>适时调规</th></tr>
<tr><td>第四阶段</td><td>民主决策深度提升阶段</td><td>科学决策提升阶段</td><td>法治决策成熟阶段</td><td></td><td></td><td>共识程度加深阶段</td><td>文本质量成熟阶段</td><td>91.4%</td></tr>
<tr><td>『十一五』规划</td><td>国务院总理担任建议起草组长，各地区各部门领导和专家学者参与；社会公众参与</td><td>首次向海外咨询机构招标；首次以课题公开招标方式向社会咨询方案</td><td>2005 年，国务院出台了《国务院关于加强国民经济和社会发展规划编制工作的若干意见》</td><td rowspan="2">（国发〔2005〕33 号）文件，首次提出三级三类规划体系，并明确了规划编制的衔接协调机制</td><td rowspan="3">从“十一五”规划开始，对依据中期评估的结果进行调整修订做了明确具体的规定，要求“经中期评估需要修订规划的要报同级人大常务委员会批准”</td><td rowspan="3">国家领导人的重视、以专家为代表的知识精英的深度参与以及中期评估机制建立延长了规划编制周期等，决策共识程度不断提升。</td><td>首次将“计划”改为“规划”；首次划分约束性和预期性指标；内容上进行诸多创新</td><td>86.4%</td></tr>
<tr><td>『十二五』规划</td><td>中央政治局常委会会议、中央政治局会议；部门地方参与研究；建议起草组包括各地区各部门领导和专家；社会公众参与</td><td>国外机构已经通过课题研究、参加研讨，主动建言等形式广泛地参与编制；委托多家研究机构开展竞争性研究</td><td>在既定的决策程序和规则下编制</td><td>指标上更强调非经济类指标的比例；内容上更强调虚实结合</td><td>96.0%</td></tr>
<tr><td>『十三五』规划</td><td>总书记担任建议起草组长；中央政治局常委会和中央政治局会议审议；社会公众参与</td><td>阿里巴巴、复星集团等企业首次承担前期课题研究；规划专家委员会除了专家还包括企业家</td><td>2018 年，发布《关于统一规划体系更好发挥国家发展规划战略导向作用的意见》</td><td>（中发〔2018〕44 号）文件，首次提出“三级四类”规划体系，并强调要进一步“理顺规划关系”“统一规划体系”，并强调要出台发展规划法，真正发挥发展规划统领作用</td><td>指标上更强调非经济类指标的比例；内容上更强调虚实结合</td><td>92.0%</td></tr>
</table>

注：括号内的数据指的是指标基本完成率。

三 理论模型建构

借助我国已经编制和实施的十三个发展规划，本部分采用逻辑上可以复制的多重案例设计，把每一个发展规划当作一个案例，每一个案例（发展规划）都可以证明或者否定其他案例（发展规划）得出的结论。①

基于前文对十三个五年规划历史演进的详细整理，为便于比较，本研究借鉴 Eisenhardt，Glaser and Strauss 的做法，对民主化、科学化、法治化、衔接协调、适时调规和规划完成程度进行量化评分，每项指标的分值为 0—10 分。② 对于定量数据，即规划完成程度，指标完成率的 0%—100% 分别对应 0—10 分，例如“一五”计划的指标完成率 84.4% 打 8 分。对于定性数据，为了客观比较，基于十三个五年规划的历史演进这一重要特征，本研究将“一五”计划作为最初始的参照物（衔接协调和适时调规以“十一五”规划作为最初始参照物），下一个五年规划（计划）依次和上一个五年规划（计划）进行对比。遵循以往成熟的规则，邀请多个人客观打分，在多人计分的基础上计算平均分值，以此保证计分的可靠和有效。③ 综合结果如表 3.3 所示。

在数据分析的基础上，本研究借鉴 Eisenhardt、Glaser and Straus 的做法，将案例分析和提出命题结合起来，通过选择不同发展规划的相似点和不同点进行论证，得出推测性命题，最终把所有命题结合起来构建发展规划决策机制理论模型。④

---

① Yin R.，*Case Study Research*：*Design and Methods*，Beverly Hill：Sage，1984.

② Eisenhardt K.，Bourgeois L. J.，“Charting Strategic Decisions：Profile of an Industry Star”，Glinow M. V.，Mohrmann S.，*Mnaging Complexity in High Technology Organizations*，*Systems*，*and People*，New York：Oxford University Press，1989；Glaser B.，Strauss A.，*The Discovery of Grounded Theory*：*Strategies for Qualitative Research*，London：Wiedenfeld and Nichoson，1967.

③ 陈升、郭金来、孟漫、何增华：《社会智库运行机制与影响力：国内四个案例的比较研究》，《情报杂志》2018 年第 37（9）期。

④ Eisenhardt K.，Bourgeois L. J.，“Charting Strategic Decisions：Profile of an Industry Star”，Glinow M. V.，Mohrmann S.，*Mnaging Complexity in High Technology Organizations*，*Systems*，*and People*，New York：Oxford University Press，1989. Glaser B.，Strauss A.，*The Discovery of Grounded Theory*：*Strategies for Qualitative Research*，London：Wiedenfeld and Nichoson，1967.

表3.3　　发展规划决策机制、决策共识、文本质量和实施绩效评分

	民主化	科学化	法治化	衔接协调	适时调规	决策共识	文本质量	实施绩效
一五	6	6	5			6	7	8
二五	5	3	3			4	1	0
三五	4	4	3			4	1	3
四五	3	2	2			3	5	3
五五	4	4	3			4	5	3
六五	6	6	5			7	7	8
七五	7	7	7			7	8	7
八五	7	8	7			7	7	9
九五	8	8	8			7	8	9
十五	8	8	8			8	8	7
十一五	9	9	8	7	8	8	9	8
十二五	9	9	8	7	8	8	9	9
十三五	9	9	8	8	8	9	9	9

（一）民主化与决策共识、文本质量

从表3.3可知，发展规划民主化决策机制影响决策共识和文本质量，民主化程度越高，决策共识和文本质量越高。如“一五”计划的民主化决策6分，决策共识和文本质量分别为6分和7分，“十一五”规划的民主化决策9分，决策共识和文本质量分别为8分和9分。相反，“二五”计划的民主化决策5分，决策共识和文本质量分别为4分和1分。

具体来看，“一五”计划的编制虽然缺乏经验和信息，但是在周恩来的直接领导下，多次征求部门、地方和先进人物的意见，前后共五易其稿；同时，编制过程中高层实行民主决策，加上主动听取苏联方面的建议，一定程度上遏制了反右倾保守主义思想，达成不冒进的基本共识，将一些过高的指标进行压低。同样，“十一五”规划民主化决策为决策共识程度的加深以及规划内容的创新提供了更多的可能性。决策共识方

面，国家领导人的重视、以专家为代表的知识精英的深度参与以及中期评估机制建立、延长规划编制周期等，均利于提升决策共识程度。文本质量方面，“十一五”规划首次将“计划”改为“规划”，首次将指标划分为约束性指标和预期性指标，内容上也进行了诸多创新。相反，“二五”计划没有形成决策共识，文本质量直线下降，积累消费比例严重失调、指标设置不断虚高。

省市县也是如此。例如，2014 年 11 月至 2016 年 2 月，作者长期跟踪 Y 省 C 县“十三五”规划编制过程。其中，在规划编制后半段，县委书记对起草组起草的规划文本思路进行否定，并提出自己的思路，起草组根据县委书记在“十三五”规划专题会议和非正式会议上的引导指示进行了长达半个多月的专题调研和修改完善。随后，在县委书记主持召开的讨论会上，起草组专家、发改局局长、县常务副书记和县委书记再次敲定指导思想、发展定位、发展目标、空间布局和相关内容，形成政策审议稿，并一致赞同可以提交县委常委会专题研究通过。但是，2015 年 12 月 27 日县委第 78 次常委会，县委常委们集思广益、民主决策，并没有盲从 12 月 3 日县委书记的意见，认为政策审议稿“结合了中央和省州的文件精神，思路是准确的，但和县情有差距，而且审议稿框架太散、操作性不强”，因此未予通过。常委们在政策审议稿基础上进一步提炼共识，讨论确定了包括 C 县“十二五”重大成就回顾、“十三五”面临形势和挑战、指导思想、发展目标和规划政策文本总体框架等在内的关键问题。访谈中，发改局副局长回忆说：“12 月 3 日，在县委书记的指导下对‘十三五’规划的指导思想、发展定位、发展目标空间布局和相关内容进行再次斟酌、敲定，大家一致觉得可以提交上（县委常委）会（通过）。谁承想最后没有（通过）。我在发改局参与编制了三个五年规划，都没有在常委会上被否决过，这是第一次。后来，县委要求县委副书记牵头，发改局和政策研究室主要人员元旦期间按照常委会确定的思路和框架加班加点修改。”此后的政府常务会、县委常务会、县委全会、政府全会，决策层成员也进一步民主决策，提炼共识，对规划文本提出修改意见。正如县委书记所说："经过决策层审议后修改的规划政策文本更加符合C县实际了，也达到了统一思想，统一文稿的目的。"常委会等大会通过的决定对C县"十三五"规划决策共识的达成和文本质量的提升具有决定性意义。

初步来看，发展规划决策过程民主化越高，广泛征求主要领导、部门领导、智库专家、基层群众等主体意见，越能让各方主体充分表达意见建议、利益诉求，加强各参与方对规划的理念认同感，形成较高的决策共识。同时，发展规划决策过程民主化越高，有利于通过各个多元主体获取更多的信息源和汲取各方智慧，编制的规划文本科学性更高。基于此，提出以下两个命题：

H1：民主化对决策共识有显著正向影响。

H2：民主化对文本质量有显著正向影响。

（二）科学化与决策共识、文本质量

从表3.3可知，发展规划科学化决策机制影响决策共识和文本质量，科学化程度越高，决策共识和文本质量越高。如"一五"计划科学化决策6分，决策共识和文本质量分别为6分和7分。而到了"二五"计划，科学化决策3分，决策共识和文本质量分别为4分和1分。

具体来看，"一五"计划在没有经验的前提下模仿苏联的主要产品平衡法进行编制，同时，虽然尽可能地收集信息，但是因为经验不足和资料有限，信息获取上部分存在不及时不全面不准确的现象。尽管"一五"计划编制方法不尽科学，收集的信息也存在诸多不足，但足够长的决策论证周期很大程度弥补了以上两点不足。"一五"计划在周恩来直接领导下，边讨论、边修改、边执行，先后五易其稿，尤其是第四稿编制时，还加强了编制力量，成立了以陈云为首的八人工作小组。然而，到了"二五"计划编制时期，一是编制方法由"综合平衡法"改为"三本账"法，许多计划指标是拍脑袋制定的，从中央到地方基层实际上不止三本账，有些甚至六七本账；二是下放计划管理权限导致计划衔接制度丢失；三是编制后

期，由于自上而下脱离实际，科学化决策程度相比“一五”计划大大降低，尤其是包括毛泽东在内的国家领导人对形势出现了误判，加上周恩来、陈云等领导人受到政治批判而不再针对“二五”计划编制提出不同的意见，导致最后形成的决策共识某种意义上质量并不高。同时，由于缺乏科学的调研和编制方法，导致“二五”计划文本质量相对“一五”计划直线下滑，一是积累和消费比例失调，其中生产性积累率甚至高达87.1%，导致三年经济困难局面，二是指标设置不断虚高。如周恩来所说：“八大《建议》一个最大的缺点是同中国情况和中国特点结合不够，从六亿人民出发不够。”①

从省市县来看也是如此。科学化的研究、论证，推动决策参与者学习、讨论形成深层次的实质性的共识后，就会自觉地按照形成的共识开展各项工作。正如跟踪Y省C县“十三五”规划编制调研时，分管规划常务副县长所说：“从2015年4月起，基本上部门、乡镇提出的都是许多不同的意见，稿子不知道改了多少遍，后面规划初稿基本上是面目全非了，能保留的不到20%。”县委书记在某次座谈会上也提到“县‘十三五’规划决策过程大家都提了很好的意见。特别这三个月来，新的提法基本是满天飞，都是新思想、新提法，中央和上级政府也都是新要求。这对大家是一个不断学习的过程”。通过反复的讨论互动，不但决策参与者的知识观点不断碰撞，真理越辩越明，而且他们也学习到很多知识。这是他们持续性参与政策过程的原因②，利于共识的达成。在访谈过程中，很多部门、乡镇领导都表示每一次看新的规划文本都是学习的过程。通过这一特殊有效的学习机制，澄清了模糊的认识，纠正了错误的意见，改变了对政策问题的认知，同时也加深了共识程度。

关于科学化与文本质量，前期研究的广度、深度和精度决定了规划的

---

① 转引自王亚平《第二个五年计划的回顾》，《党史研究》1987年第4期。

② Glaser B., Strauss A., *The Discovery of Grounded Theory: Strategies for Qualitative Research*, London: Wiedenfeld and Nichoson, 1967.

质量，如果没有对未来环境的科学预测，则会导致公共资源的浪费。如 C 市发改委分管规划处的 M 副主任访谈时说：“编制规划有一个规律，就是前期研究越深入的领域，受到分管副市长的批评越少。”① 在该市“十四五”规划启动会议上，市政府 L 副秘书长也举了一个真实的例子：“编制规划最重要的是摸清未来 5—10 年的人口变化趋势，但很多区县在编制‘十二五’时，没有摸清未来的人口趋势变化，导致很多新建的基础设施，特别是中小学等公共服务设施百分之七八十闲置浪费。”②

初步来看，发展规划编制决策过程，是对发展规划充分研究、论证的过程，是决策参与者集体学习、不断交换意见、不断学习的过程，决策参与者的知识、价值和观念发生改变，尤其是原先通过直觉形成的片面错误的观点发生了改变，最终达成深层次的实质性的共识。同时，决策科学化越高，信息数据收集越充分，文本协同性越高，指导性和操作性越强，不成熟的政策初稿也一步一步修改完善成高质量的政策定稿。基于此，提出以下两个命题：

H3：科学化对决策共识有显著正向影响。

H4：科学化对文本质量有显著正向影响。

（三）法治化与决策共识、文本质量

从表 3. 3 可知，发展规划法治化决策机制影响决策共识和文本质量，法治化程度越高，决策共识和文本质量越高。如“四五”计划的法治化决策 2 分，决策共识和文本质量分别为 3 分和 5 分，而“九五”计划的法治化决策 8 分，决策共识和文本质量分别为 7 分和 8 分。

具体来看，“四五”计划编制时期，一是编制制度的严肃性受到破坏。二是编制机构被调整，甚至被破坏。例如，当时国家计委大部分主力人员被下放到湖北襄樊“五七”干校，国家计委只留下十几个人组成的计划起草

① 引自 C 市发改委 M 副主任在全市“十四五”规划前期研究课题专家论证会上的讲话。

② 引自 C 市市政府 L 副秘书长在全市“十四五”规划编制启动会议上的讲话。

小组，协助处理一些简单事宜。[1]同时，因为缺乏编制制度和机构的保障，“四五”计划内容比例和指标设置一度失调，例如提出的工业年均增速高达12.8%，五年基建投资合计1200亿—1300亿元，大大超过“三五”计划850亿元的规模。1971年后，周恩来开始组织纠正“极左”思潮，逐步修改“四五”计划的内容比例和指标设置。而“九五”计划开始，编制时间、编制程序和机构职能逐步规范化。编制时间上，开始形成在前一个五年计划实施过半时开始编制，到通过的前一年的2月份开始起草《建议》，10月份通过建议，到新的计划期第一年3月份通过计划的制度。编制程序上，开始形成“前期研究—基本思路—建议起草—纲要编制”编制程序。机构职能上，形成了《建议》由中共中央的五中全会通过，《纲要》由全国人大四次会议审议批准的制度。编制时间、编制程序和机构职能逐步规范化对决策共识和文本质量具有比较明显的影响。尤其是发展规划编制程序规范化能够让党组织系统、行政系统、立法系统、政治协商系统、党群组织系统、专家咨询系统、社会群体系统在不同阶段都充分参与到规划的讨论中，利于形成广泛的政治、政策和社会共识。同时，在各方的深刻讨论基础上，能够集中各方智慧，促进文本质量的提升。性质上，“九五”计划作为社会主义市场经济下的五年计划，明显突出宏观性、战略性、政策性、预测性和指导性，更多强调市场在国家宏观政策指导下发挥对资源配置的基础性作用。内容上，充分体现了经济增长方式的转变；更加重视区域经济协调发展、可持续发展等。核心指标设置上，“九五”计划经济增速按8%左右安排，比“八五”的速度低一些，显得更加稳妥。

对于省市县来说也是如此。在地方调研中，很多发改委系统的人提到，“编制一个规划不是一件容易的事情，而且可以说是件非常困难的事情。但规划编制自上而下都有严格的程序，只要严格按照程序编制，会有很多的人替你把关，规划文本也会越改越好。在讨论把关的过程中，大家也会逐步达成共识”。人大提前介入规划编制和征求意见就是法治化的一

① 刘国光：《中国十个五年计划研究报告》，人民出版社2006年版，第294页。

个例子。王绍光和鄢一龙等学者在调研中发现，按照法治化的决策程序安排，全国人大早就通过前期专题调研、中期建言献策等方式提前介入到规划编制，而且中间不同阶段还通过不同方式参与到规划纲要征求意见过程中①，如一位省级人大领导所言："政府方面已经反复征求我们（人大）的意见，并认真吸收，次数之多的都令我们感到烦不胜烦，规划文本也修改了无数遍了，那么，我们为何还要去投反对票呢？"②

初步来看，发展规划编制涉及党组织系统、行政系统、立法系统、政治协商系统、党群组织系统、专家咨询系统、社会群体系统。③ 发展规划决策法治化水平越高，越是按照规范程序走，越能减少人为犯错的可能性，规划文本的科学性越高；越是按照法治程序去反复征求各方面意见，越能扩大共识范围。基于此，提出以下两个命题：

H5：法治化对决策共识有显著正向影响。

H6：法治化对文本质量有显著正向影响。

（四）衔接协调与决策共识、文本质量

从表 3.3 可知，发展规划衔接协调影响决策共识和文本质量，衔接协调有利于形成较好的决策共识和文本质量。如"十一五"规划的衔接协调 7 分，决策共识和文本质量分别为 8 分和 9 分。

衔接协调与决策共识。以节能减排约束性指标为例④，国家"十一五"规划提出"单位 GDP 能耗降低 20%"的目标，上海"十一五"规划上报的目标是降低 15%，理由：上海主要是高技术企业，能耗基数不

---

① 王绍光、鄢一龙：《中国民主决策模式：以五年规划制定为例》，《马克思主义研究论库》第一辑，中国人民大学出版社 2015 年版。

② 王绍光、鄢一龙：《中国民主决策模式：以五年规划制定为例》，《马克思主义研究论库》第一辑，中国人民大学出版社 2015 年版。

③ 王绍光、鄢一龙：《中国民主决策模式：以五年规划制定为例》，《马克思主义研究论库》第一辑，中国人民大学出版社 2015 年版。

④ 韩博天、奥利佛·麦尔敦：《规划：中国政策过程的核心机制》，《开放时代》2013 年第 6 期。

高，能耗降低潜力不足。为此在国家发改委规划司干预下，上海专门成立专家委员会进行论证。论证的结果是上海仍然有潜力进行节能减排，最终上海将节能减排目标提高到 20%。广东也是类似的过程。最初广东将该指标设定为减少 13%，理由：广东企业率先采用了先进环保技术降低能耗，进行节能减排的时间成本和经济成本都很高。后来在国家发改委干预下，广东省也成立了专家委员会进行评估，评估结论是认同广东省发改委的说法。但最后多次协商的结果是由 13% 提高到 16%。经过行政指令和政策引导，国家发改委和地方发改委就约束性指标的设定达成共识，既保证国家指标的落实，又考虑地方实现指标的可能性。指标值一旦设定，就不能轻易更改，并通过绩效考核等方式确保指标执行落到实处。①

衔接协调与文本质量。规划之间进行良好的衔接协调，才能避免相互打架，提高规划总体质量。例如，C 市某常务副市长在“十四五”规划编制启动大会上举了一个典型的例子，“全市的‘十三五’乡村规划和城镇规划对比，城镇规划说城市人口要增加，乡村规划说要吸引更多的人口到乡村，（由于没有衔接协调好），最后乡村规划和城市规划的总人口加总比全市人口多了 1000 万，造成资源极度浪费”。②

初步来看，规划间的衔接协调，下位规划和下级规划分别衔接上位规划和上级规划，等位规划相互协调，对决策共识的影响主要体现既向下传达贯彻上级规划（上位规划）精神，又兼顾下级地方（部门）发展诉求；对于文本质量的影响主要是保证发展理念、发展定位和发展战略等自上而下一以贯之，避免规划思路、目标、政策手段冲突打架，以及资源浪费，形成规划合力。基于此，提出以下两个命题：

H7：规划间衔接协调对决策共识有显著正向影响。

---

① 韩博天、奥利佛·麦尔敦：《规划：中国政策过程的核心机制》，《开放时代》2013 年第 6 期。

② 引自 C 市发改委某副主任在全市“十四五”规划编制启动会议上的讲话。

H8：规划间衔接协调对文本质量有显著正向影响。

（五）适时调规与决策共识、文本质量

从表3.3可知，发展规划进行适时调规影响决策共识和文本质量，根据实际情况适时调规，有利于决策共识和文本质量的提高。如“十三五”规划的适时调规8分，决策共识和文本质量分别为9分和9分。

适时调规与决策共识。以C市为例，C市为了建成“内陆开放高地”，“十三五”规划提出进出口总额的目标是10000亿元，但是美国特朗普总统上台，大搞中美贸易战，对全球贸易格局产生巨大影响，也对C市的开放发展进程和招商引资产生了不可小觑的影响，2016年、2017年和2018年上半年的进出口总额分别是4160亿元、4508亿元和2288亿元，均远未达到目标进度要求。国际形势风云变幻是不能完全精准预测的，因此C市“十三五”规划中期评估时将进出口总额的目标进行了调整，并经过C市人大的审批同意，达成新的共识。

适时调规与文本质量。20世纪60年代以后，许多社会主义国家和资本主义国家开始了去计划化的浪潮[①]，原因是计划僵化[②]。发展规划是主观的而不是客观的，是政策而不是法律，因此必须不断优化更新、适时调整[③]，才能保证文本质量永远相对符合当下和未来趋势。发展规划需要根据国内外形势变化、国家政策取向变化、自身发展需要变化，结合中期评估结果对内容在存量上或者增量上进行调整，才能随时保持规划的灵活适应性。例如，根据每年的国家政策、国内外形势变化，年度计划的宏观调控目标和主要任务，会进行相机决策、灵活调整[④]，五年下来大体能完成发展规划的目标任务就行。

---

① 胡鞍钢：《国情报告》（第十七卷），党建读物出版社2014年版，第444页。

② 韩博天、奥利佛·麦尔敦：《规划：中国政策过程的核心机制》，《开放时代》2013年第6期。

③ 引自C市发改委直属事业单位C市综合经济研究院某研究员访谈记录。

④ 张康之、张乾友：《论共同行动的基础》，《南京农业大学学报》2011年第2期。

初步来看，发展规划根据内外部环境的变化，结合中期评估结果对内容进行存量或者增量上的调整，能够保证规划决策共识和规划文本质量与时俱进，保持灵活适应性。基于此，提出以下两个命题：

H9：适时调规对决策共识有显著正向影响。

H10：适时调规对文本质量有显著正向影响。

（六）决策共识、文本质量与实施绩效

从表 3.3 可知，发展规划决策共识和文本质量影响规划实施绩效：决策共识程度越高，实施绩效越好；文本质量越高，实施绩效也越好。如，“五五”计划的决策共识和文本质量分别为 4 分和 5 分，实施绩效为 3 分，而“六五”计划的决策共识和文本质量均为 7 分，实施绩效为 8 分。

具体来看，“五五”计划前期，中央领导想把“文化大革命”耽误的时间抢回来，批准所谓的新“跃进”计划，实际上没有达成良好的决策共识。同样，提出的很多指标也脱离了当时的国情，如房维中所说：“这个十年规划，因为没有考虑经过十年‘文化大革命’的破坏，国民经济比例关系严重失调，农业生产严重下降，人民生活十分困难，本来应当调整比例关系，让农民休养生息，结果来了个争时间、抢速度、大干快上。”[①] 最后“五五”计划 16 个指标的完成率为 31.3%。“六五”计划的编制是在十一届三中全会之后，中央高层注重集体决策，形成集体共识。编制讨论过程中，虽然部委、地方和专家针对积累和消费的比例等内容出现了意见分歧，但是分歧的出现恰恰却推动各方深入研究，拿出真知灼见相互讨论。中央高层领导在各方意见的基础上拍板确定，形成最后的决策共识。另外，吸取过去的经验教训，“六五”计划文本质量回归正常。第一，指导思想更加务实，改变过去只重视经济发展速度、忽视经济社会效益的状况，把全部工作重心转移到提高经济效益为中心的轨道上来。第二，规划

① 房维中：《心情最舒畅的是第一个五年计划——对“一五”到“五五”五个五年计划的回忆》，《中国战略新兴产业》2018 年第 45 期。

内容更加丰富，增加社会发展、科学技术发展、对外贸易、对外经济技术交流和精神文明建设等内容。第三，规划指标更加平稳，比如经济增速这一核心指标确定为“平均每年递增4%，在执行中争取达到5%”。最终，“六五”计划的33个指标，完成率为84.8%，完成百分数均值高达178%，成为继“一五”计划之后完成情况最好的五年计划。

初步来看，发展规划的决策共识程度越高，越可以消除信息不对称，越可以反映相关主体的需求，从而调动各方的积极性，进而提高实施绩效。发展规划的文本质量高，说明规划的思想和理念具备科学有效的长远导向性，规划的内容充分考虑政治、经济、社会、科技和利益相关者等外部环境因素，规划的指标任务可测度性和可分解性高，有利于指导政府、市场和社会等多元主体的实践，进而提高实施绩效。基于此，提出以下两个命题：

H11：决策共识对规划实施绩效有显著正向影响。

H12：文本质量对规划实施绩效有显著正向影响。

综上所述，构建了发展规划决策机制理论模型，见图3.4。

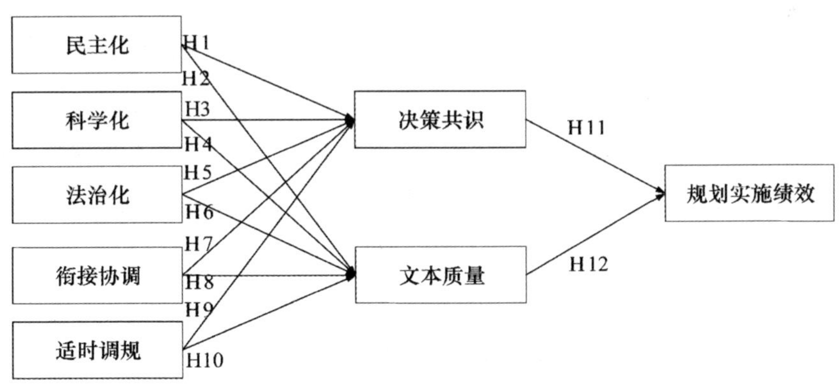

图3.4　发展规划决策机制理论模型

第四章

发展规划决策机制的实证分析

第三章构建了发展规划决策机制理论模型，本章主要是用定量的方法进行实证检验。具体来看，本章分别阐述相关变量的测量、问卷发放回收、分析方法选择、问卷信效度检验、问卷数据的测量结果和发展规划决策机制分析讨论。

一 相关变量的测量

（一）决策方式和调整方式相关概念的测量

民主化的测量。民主属于政治领域的概念，包括政治制度上的选举民主和政治过程的协商民主。[①] 本研究的民主化主要是决策过程的协商民主。发展规划决策民主化指的是扩大决策参与，提高决策透明度。[②] 决策民主化有狭义民主化和广义民主化之分。狭义的民主化，即让公众参与决策，听取公众需求。广义的民主化，即让所涉及的广大主体参与决策，听取各主体的意见和需求。根据长期的访谈和研究，本研究将民主化细分为过程民主和结果民主。过程民主，即发展规划决策过程中要广泛征求地方、部门、公众、人大、政协等方面的意见和建议。结果民主，即对相关主体的意见和建议的吸纳情况。

① 俞可平：《再说民主》，《领导文萃》2009 年第 12 期。

② 丁煌：《听证制度：决策科学化和民主化的重要保证》，《政治学研究》1999 年第 1 期。

表 4.1 变量测量——民主化

测量选项	测度依据
“十三五”规划编制过程中，对同级部门的意见征求情况	官员与专家意见
“十三五”规划编制过程中，对下级地方的意见征求情况	
“十三五”规划编制过程中，对社会公众的意见征求情况	
“十三五”规划编制过程中，对人大政协的意见征求情况	官员与专家意见
“十三五”规划编制过程中，对以上主体意见的吸纳情况	

科学化的测量。决策科学化，即决策者在调查研究的基础上，运用科学的理论和方法制定政策的过程。① 很多研究把“科学化”等于“专家化”，但是本研究基于以下两个理由认为，“专家化”并不完全等同于“科学化”：第一，不同的政策类型、政策决策阶段需要不同的知识。② 高精尖纯技术类的政策决策，需要专家的深度参与，其他政策，既需要专家的参与，也需要官员的参与。因为官员不但了解本地的具体情况，而且丰富的任职经历让官员具备开阔的视野和丰富的决策经验，这都是专家所不具备的。③ 第二，现实中部分官员往往不信任、不采用专家的建议，是因为二者所处领域考虑的优先级不同④，专家更多地关注出版成果而非解决现实问题⑤，专家漫长的研究周期和政策制定者稍纵即逝的决策窗口⑥、短时间出政绩的压力等存

① 张梦涛：《决策科学化的内涵、问题及其实践取向》，《天府新论》2011 年第 4 期。

② 汝鹏：《知识、价值与制度：863 计划科技决策的影响力研究》，博士学位论文，清华大学，2008 年。

③ 陈升、刘泽、杨永恒等：《基层知识型公共政策决策机制理论建构——基于 B 县“十三五”规划编制的案例研究》，《公共管理学报》2018 年第 3 期。

④ Weiss C. H.，“The Interface Between Evaluation and Public Policy”，*Evaluation*，1999，5（4）：468 –486. Gary Banks，“Could Academic Research be more Policy Influential?”，*Public Administration Review*，2016，76（1）：33 –34.

⑤ Cherney Adrian，Brian W. Head，Paul Boreham，et al.，“Perspectives of Academic Social Scientists on Knowledge Transfer and Research Collaborations：A Cross-Sectional Survey of Australian Academics”，*Evidence and Policy*，2012，8（4）：433 –453.

⑥ Gary VanLandingham，Torey Silloway，“Bridging the Gap between Evidence and Policy Makers：A Case Study of the Pew-MacArthur Results First Initiative”，*Public Administration Review*，2016，76（4）：542 –546.

在天然的矛盾①。因此，为了客观测量政策决策是否科学，我们应该从决策的本质而不是决策的主体进行探讨。由于政策问题的复杂性和不确定性，决策的本质是要理性分析，不仅需要采集大量的素材，而且需要运用现代分析技术和方法进行分析论证。② 发展规划决策更是如此，作为一种预测性十分强的决策，涉及方方面面的内容，要从理性出发作出最有利的决策。因此关于发展规划决策科学化的测量，应该从决策理性分析着手，具体包括内容科学化和方式科学化。内容科学化主要是对发展规划最核心的指标和项目进行反复论证，方式科学化包括前期调研和多种方法对比科学论证。

表 4.2　**变量测量——科学化**

测量选项	测度依据
“十三五”规划编制过程中，各方面进行的前期研究情况	官员与专家意见
“十三五”规划编制过程中，各方面对核心指标的论证情况	官员与专家意见
“十三五”规划编制过程中，各方面对重大项目的论证情况	官员与专家意见
为了科学编制“十三五”规划，采用多种方法对比研究论证	官员与专家意见

法治化的测量。决策法治化，指的是决策规范化、制度化，以规定的程序进行决策。③ 目前，我国关于发展规划编制决策的程序都是在

① Gary VanLandingham, Torey Silloway, “Bridging the Gap between Evidence and Policy Makers: A Case Study of the Pew-MacArthur Results First Initiative”, *Public Administration Review*, 2016, 76 (4): 542 – 546. Joshua Newman, Adrian Cherney, Brian W., “Head. Do Policy Makers Use Academic Research? Reexamining the ‘Two Communities’ Theory of Research Utilization”, *Public Administration Review*, 2016, 76 (1): 24 – 32.

② 王宏广、王革、韦东远等：《高端科技智库建设要力争做到“九有”：兰德公司智库建设及其对我国科技智库建设的启示》，《科技中国》2018 年第 5 期。

③ 王申成、常中青：《决策也要法制化》，《理论界》1998 年第 3 期。

长期工作积累中形成的稳定的工作顺序和决策程序，还未通过法律形式固定下来。但是，规范决策行为是规范行政权力的重点，也是法治政府建设的前端。因此，根据长期调研过程中官员和专家的反馈，本研究从三个方面对法治化进行测量，首先是发展规划编制决策关于起草、衔接、论证、审批、发布等制度的建立情况，其次是对这些编制程序的遵循情况。我国人大是权力机关，对发展规划编制决策的监督是我国法治化的重要体现。因此，最后从同级人大的监督效果情况来衡量法治化。

表 4.3　**变量测量——法治化**

测量选项	测度依据
“十三五”规划编制过程中，关于起草、衔接、论证、审批、发布等制度的建立情况	中共中央国务院：《统一规划体系，更好发挥国家发展规划战略导向作用的意见》（中发〔2018〕44号）
“十三五”规划编制过程中，对以上编制程序的遵循情况	官员与专家意见
“十三五”规划编制过程中，同级人大的监督效果情况	官员与专家意见

衔接协调的测量。如上文所说，发展规划的衔接协调是为了避免规划之间相互抵消甚至相互冲突，无法发挥规划的效力。发展规划的衔接协调主要包括两个方面，对上衔接和对下协调。对上衔接，主要是把本地区的发展诉求通过上级视察、规划座谈会、书面征求意见、人大政协等渠道向上级反映，积极争取到发展的资源和权限。对下协调，主要是与专项规划和下级发展规划协调好，将发展理念、思路层层下达，将发展指标、任务等层层分解，确保规划贯彻实施。

表 4.4　**变量测量——衔接协调**

<table>
<tr><th>测量选项</th><th>测度依据</th></tr>
<tr><td>下级的五年规划纲要与本级五年规划纲要的衔接情况</td><td rowspan="2">杨庆育等：《中国省级五年规划发展研究》，中国计划出版社 2019 年版</td></tr>
<tr><td>本区域的专项规划与本级五年规划纲要的衔接情况</td></tr>
<tr><td>本地官员通过上级视察、规划座谈会和书面征求意见等渠道提出利于本地区发展的建议情况</td><td>官员与专家意见</td></tr>
<tr><td>本地官员通过人大或政协渠道向上级提出有利于本地区发展的议案的情况</td><td>王绍光、鄢一龙：《中国民主决策模式：以五年规划制定为例》，《马克思主义研究论库》第一辑，中国人民大学出版社 2015 年版</td></tr>
</table>

适时调规的测量。一个国家和地区经济社会发展形势会受到非常庞杂的因素影响，其变化具有很强的不可预见性，要实现对未来经济社会发展形势的完全把握是几乎不可能的。所以，本研究认为发展规划的决策中要能够进行适当调整，保证规划的可行性。具体来看，根据深度访谈资料，本研究主要从是否会根据自身发展需要、国家政策变化和国际形势变化，并结合中期评估结果对发展规划进行适时调整。

表 4.5　**变量测量——适时调规**

<table>
<tr><th>测量选项</th><th>测度依据</th></tr>
<tr><td>“十三五”规划纲要内容会根据中期评估结果进行适时调整</td><td>中共中央国务院：《统一规划体系，更好发挥国家发展规划战略导向作用的意见》（中发〔2018〕44 号）</td></tr>
<tr><td>“十三五”规划纲要内容会根据自身发展需要在中期评估时进行适时调整</td><td rowspan="2">官员与专家意见</td></tr>
<tr><td>“十三五”规划纲要内容会根据国家政策取向变化在中期评估时进行适时调整</td></tr>
<tr><td>“十三五”规划纲要内容会根据国际形势变化在中期评估时进行适时调整</td><td>Spillman B., Bezdek J., Spillman R., “Coalition Analysis with Fuzzy Sets”, Kybemetes, 1979, 8 (3): 203 – 211</td></tr>
</table>

（二）文本质量和决策共识的测量

文本质量的测量。目前评价政策质量的研究有很多，有从价值上对政策好坏进行评价①，有从“投入—产出”的成本收益角度来对政策质量进行评价，认为好质量的政策执行的成本比较低②，但是范柏乃和张茜蓉认为政策质量是影响政策执行效果的因素之一，因此以成本收益角度衡量政策质量好坏不科学③。范柏乃和张茜蓉通过梳理 CNKI 数据库 2010—2014 年关于“政策评价”和“政策评估”的文献，对公共政策质量测量要素进行归类总结（见表 4.6）：(1) 政策问题的准确性和必要性；(2) 政策方案的有效性、适应性、系统性、明确性、科学性；(3) 政策价值的公正性、稳定性、民主性、科学性。本研究认为，这样的测量标准有以下几个不足：(1) 政策问题和政策方案这两个维度存在重复、交叉。政策方案的有效性的前提一定是对政策问题进行了准确的把握，因此政策方案的有效性就包含了政策问题的准确性和必要性；(2) 政策过程包括政策制定、政策实施，政策的有效性不但取决于政策质量，更取决于政策执行，因此用政策有效性来衡量政策质量太过绝对；(3) 政策价值的公正性、稳定性、民主性、科学性，严格来说，属于政策制定过程，不能用政策过程评判政策质量的标准；(4) 政策方案的有效性、适应性、系统性与政策方案的可行性存在重复交叉，政策方案的可行性包含了有效性、适应性和系统性。

表 4.6　**公共政策质量测评量表**

维度	指标	指标含义说明
政策问题	需求性	政策针对的社会问题是否亟须解决，社会是否对该问题的解决有巨大的需求
	准确性	政策所针对的问题描述准确
政策方案	有效性	政策能够在相对经济的情况下有效解决，预期效果好
	适应性	政策风险可控，具有良好的发展前景，能够适应环境变化
	系统性	该政策与相关政策不存在冲突，能够实现与相关政策的良性循环
	明确性	政策涉及的概念、主客体、目标、细则清晰明确
	可行性	政策易理解、程序规范便捷、与现有制度相配套且合法

① 罗芳：《影响公共政策质量的主要因素分析》，《湖南行政学院学报》2007 年第 4 期。

② 秦德军：《公共政策的国家产出：质量与绩效》，《社会科学》2007 年第 3 期。

③ 范柏乃、张茜蓉：《公共政策质量的概念构思、测量指标与实际测量》，《北京行政学院学报》2014 年第 6 期。

续表

维度	指标	指标含义说明
政策价值	公正性	政策使得利益得到均衡分配
	稳定性	政策不会因为政权的交替终止，只会随着社会问题的解决而终止
	民主性	政策反映民意、民众参与决策
	科学性	政策论证充分，与社会价值相符，与公民意志相符，可接受性强

资料来源：范柏乃、张茜蓉：《公共政策质量的概念构思、测量指标与实际测量》，《北京行政学院学报》2014 年第 6 期。

本研究认为评价公共政策质量的核心是“明确性”和“可行性”。“规划”作为发展的蓝图或路线图，总体上包括环境分析、指导方针、规划目标、重大任务和保障措施等部分。其中，环境分析是基础，指导方针是灵魂，规划目标是核心，重大任务是目标的进一步细化，也是实现目标的主要途径，保障措施是规划目标、重大任务实施的保障。因此“明确性”来测量发展规划主要包括：（1）发展环境的深入分析程度；（2）发展思路的可行程度；（3）核心指标执行时的可分解程度；（4）建设任务的明确程度；（5）保障措施的有效程度。

但规划作为一个操作性的总体政策，可落地、可执行才是其衡量质量高低的本质。因此发展规划的质量除了要有“明确性”，更重要的是具备“可行性”。规划与政策既有相同点，也有不同点，总体来看，规划包括政策，而政策不包括规划①（见图 4.1）。政策只包含目标和任务。而规划既要“顶天”，也要“立地”，既包含目标，也包含各种目标的细分指标（预期性指标和约束性指标），既包含任务，也包含各项任务的支撑项目。对于单一层级的规划体系而言，一方面“没有规划不批项目”②，强调的是本级规划对本地项目发展的约束力；另一方面“没有项目不能称之为规划”，强调项目是规

① 杨伟民：《发展规划的理论和实践》，清华大学出版社 2010 年版，第 4 页。

② 《温家宝解读中国一揽子经济计划 重点投向民生工程》（http://www.china.com.cn/news/2009－03/13/content_17436924.htm），2009 年 3 月 13 日。

划落地实施的抓手，是规划由效果图变为实景图的关键。对于上下级规划体系而言，规划由严密的“三级四类”规划体系构成[①]（见图4.2），“下级政府项目要争取进入上级规划或国家级规划的盘子”，才能获得资金、政策上的支持。对于落后地区（比如西部地区）而言，上级或中央的财政支持对当地的经济社会发展是具有决定性作用的。对于发达地区（比如长三角、珠三角等区域），上级或中央的政策支持能够给予先试先行的权力、当地先斩后奏的行政自由裁量权以及相关资源等，来巩固自己的优势。[②] 有没有实质性的重大项目，是决定一个规划的好坏[③]，在地方参与规划编制课题，各地负责人都表示会通过各种方式、资源、渠道想办法将本地区项目进行包装、争取纳入上级规划甚至国家规划当中。因此，对于文本质量的评价，不仅仅需要主观对文本“明确性”的考量，还必须有项目或者相关表述（如重大政策、重大改革措施等）等进入上级盘子的评价。

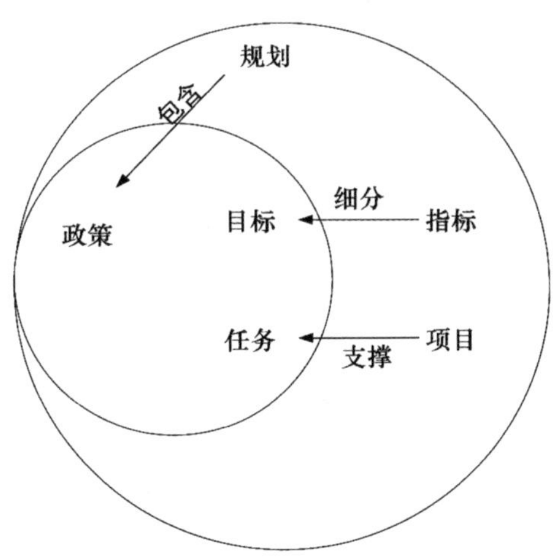

图4.1　规划与政策关系

① 朱之鑫：《在首届中国发展规划研讨会开幕式上的致辞》，2018年10月19日。

② 韩博天、奥利佛·麦尔敦：《规划：中国政策过程的核心机制》，《开放时代》2013年第6期。

③ 胡鞍钢：《国情报告》（第十七卷），党建读物出版社2014年版，第448页。

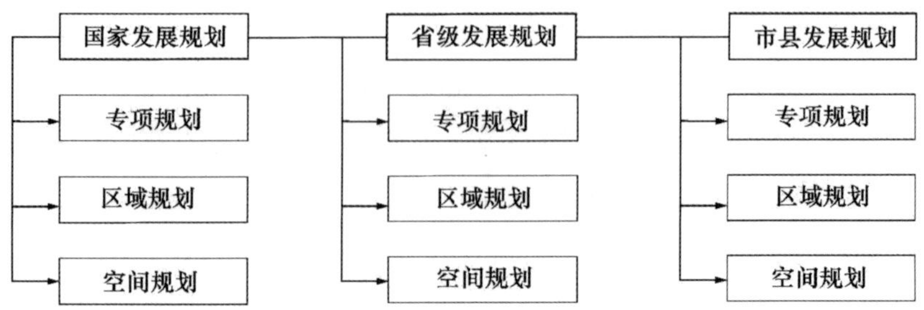

图 4.2　我国三级四类规划体系

表 4.7　　变量测量——文本质量

测量选项	测度依据
“十三五”规划对发展环境进行了深入分析	官员与专家意见
“十三五”规划纲要的发展思路是可行的	官员与专家意见
“十三五”规划纲要核心指标执行时的可分解程度	官员与专家意见
“十三五”规划纲要建设任务的明确程度	官员与专家意见
“十三五”规划纲要提出的保障措施的有效程度	官员与专家意见
本级规划纲要有多少重大项目进入了上级政府和国家级规划	官员与专家意见
上级政府和国家级规划中与本地直接相关的内容表述有多少	

决策共识的测量。共识，即多元主体的一致性程度。① 共识可以分为基本共识、程序共识和政策共识。② 本研究所指的共识是政策共识。

对共识概念的界定、测量，最开始是采用“硬共识测量方法”，即没

① Preston D. S. , *Shared Mental Models between the Chief Information Officer and Top Management Team*: *Towards Information Systems Strategic Alignment*, Athens, GA: The University of Georgia, 2004. Johnson A. M. , Lederer A. L. , “The Effect of Communication Frequency and Channel Richness on the Convergence between Chief Executive and Chief Information Officers”, *Journal of Management Information Systems*, 2005, 22 (2): 227 – 252.

② ［美］戴维·伊斯顿：《政治生活的系统分析》，王浦劬译，华夏出版社 1999 年版；［美］乔万尼·萨托利：《民主新论》，冯克利、闫克文译，上海人民出版社 2009 年版，第 105—108 页。

有共识或者完全共识的“二分法”。① 共识不是一个非此即彼的概念，而是一个连续体②，而且现实中完全共识几乎很难达到。Kacprzyk 首次提出“模糊共识”这一“软共识模型”，即“在模糊偏好和模糊多数的模糊环境下达成的共识”。③Saaty 进一步的研究发现，多元主体在决策中的偏好不仅是模糊的，而且是可变的。④ Chiclana、张桂清、周盛在此基础上将个体一致性融入群体共识当中，从个体一致性的改进和群体共识的可接受性两个维度测量共识的程度。⑤

本研究认为对共识测量的研究存在两点不足：第一，学界对共识的认识在不断地深化，从“硬共识”到“模糊共识”再到“可变的共识”。但是没有点到实质，应该深入到“行动上的共识”。真正的共识必须落实到实际行动当中才能算是“真共识”，否则只是“假共识”。第二，个体一致性的改进和群体共识可接受性两个维度存在重复、交叉。个体偏好的一致性本质上说的是决策过程中各主体偏好是趋于收敛或离散，是从过程来衡量共识。群体共识可接受度，是对最终的形成的共识程度的测量，是从结果来衡量共识。实质上，对群体共识的可接受度越高本身就意味着各多元主体偏好趋向于收敛。

基于以上分析，本研究从“群体共识可接受度”和“群体共识的执行

---

① Bezdek J., Spillman B., Spillman R., “A Fuzzy Relation Space for Group Decision Theory”, *Fuzzy Sets and System*, 1978, 2 (1): 255 - 268. Spillman B., Bezdek J., Spillman R., “Coalition Analysis with Fuzzy Sets”, *Kybemetes*, 1979, 8 (3): 203 - 211.

② 赵钊：《信息化领导团队沟通对共识的影响机制研究》，博士学位论文，河北工业大学，2009 年。

③ Kacprzyk J., *On Some Fuzzy Cores and Soft Consensus Measures in Group Decision Making*, edited by Bezdek, J., *The Analysis of Fuzzy Information*, Boca Raton: CRC Press, 1987, 119 - 130.

④ Saaty, T. L., “Axiomatic Foundation of the Analytic Hierarchy Process”, *Management Science*, 1986, 32 (7): 841 - 855.

⑤ Chiclana F., Mata F., Martinez L., et al., “Integration of a Consistency Control Module within a Consensus Decision Making Model”, *International Journal of Uncertainty Fuzziness and Knowledege-based System*, 2008, 16: 35 - 53. 张桂清：《群体决策的共识模型研究》，博士学位论文，西安交通大学，2011 年。周盛：《参与式政策制定的偏好分歧与共识形成机制》，博士学位论文，浙江大学，2014 年。

度”两个方面对发展规划决策共识进行测量。“群体共识可接受度”包括对最终确定的发展思路、发展定位和指标体系等的共识情况。“群体共识的执行度”包括“发展规划体现不同部门（地方）发展诉求的程度”和“年度计划和发展规划目标任务结合紧密程度”。需要指出的是，发展规划承载未来五年下级地方发展资源多少、权限大小，因此越是体现出不同部门（地方）发展诉求，基于“发展政绩考核”的激励机制，部门（地方）的共识就会越高，执行力就会更强；之前我国“重编制、轻实施，重形式、轻（实施）效果”的现象普遍存在，到目前为止，虽然有所改善，但还在一定程度上存在，正所谓“规划规划，纸上画画、墙上挂挂”。因此，对于发展规划决策而言，只有决策的“群体共识”落在每一年的年度计划当中，才是“真共识”。

表 4.8　**变量测量——决策共识**

测量选项	测度依据
“十三五”规划纲要最终确定的发展思路的共识情况	官员与专家意见
“十三五”规划纲要最终确定的发展定位的共识情况	官员与专家意见
“十三五”规划纲要最终确定的指标体系的共识情况	官员与专家意见
“十三五”规划纲要体现了不同部门（地区）的诉求	官员与专家意见
年度计划和“十三五”规划纲要的目标任务结合紧密程度	官员与专家意见

（三）规划实施绩效的测量

发展规划实施绩效。“规划”作为一个发展的蓝图或路线图，总体上包括指导方针、规划目标、主要任务、具体项目等部分。其中规划目标是核心，主要任务是目标的进一步细化，也是实现目标的主要途径，具体项目是抓手。对规划实施完成情况的评估的核心主要是对规划目标、主要任务和重点项目的评估。需要注意的是：第一，从“十一五”规划起，发展规划的指标分为预期性指标①和约束性指标②。因此对发展规划的指标评估主要是对预期性指标、约束性指标的完成情况进行衡量。第二，主要任务的完成依靠具体项目的完成，在发展规划文本中，项目是以专栏的形式放置在每一章主要任务里面。为了避免重复，主要是对主要任务进行测量，而不单独对具体项目的完成情况进行测量评估。第三，从“十一五”规划开始，对发展规划进行中期评估。中期评估往往需要针对发展规划的完成情况、国际形势变化、国家政策取向变化、自身发展条件变化进行适时调整、衔接协调，并形成新的共识。因此对规划完成情况的评估需要对规划中期和当前两个阶段的完成情况进行综合评估测量得出。

实际上，关于发展规划实施绩效的评价主要包括两部分，一是对政策的完成水平的评价；二是对政策效果的评价。对效果的评价主要包括对组织的工作效率、公众形象、受重视程度、职能履行、公共服务提供和有关规划项目的落实带来的推进或阻碍作用③，以及规划期内经济社会发展状况变化，包括 GDP 增长率、波动系数、居民消费价格指数、全要素生产率贡献率、净增城镇就业数、居民消费水平指数弹性系数等④。需要说明的是，本研究并没有对规划实施效果进行测量评估。主要原因是经济社会发展的复杂性，实际上很难界定规划期内经济社会发展哪些方面和多大程度上受到发展规划的影响。⑤ 研究过程中，和经纬⑥提出社会实验法，在交叉重叠又有多元客体的政策系统中，要评

① 所谓预期性指标，就是国家期望的发展目标，主要依靠市场主体的自主行为来实现。政府干什么呢？政府就是要创造一个好的宏观环境、制度环境和市场环境，使市场配置资源的决定性作用能够发挥得更好。

② 约束性指标，就是在预期性指标基础上，强化了政府必须履行的职责，是政府必须实现、必须完成的指标。

③ 陈升、李兆洋、王英杰：《省级五年发展规划实施与绩效：“十二五”为例》，《科研管理》2019 年第 4 期。

④ 鄢一龙：《目标治理：看得见的五年规划之手》，中国人民大学出版社 2013 年版，第 292 页。

⑤ 鄢一龙、王亚华：《中国 11 个五年计划绩效定量评估》，《经济管理》2012 年第 10 期。

⑥ 和经纬：《中国公共政策评估研究的方法论取向：走向实证主义》，《中国行政管理》2008 年第 9 期。

估某项公共政策的唯一途径就是分离政策干预的结果，然后对其进行分析（见图4.3）。

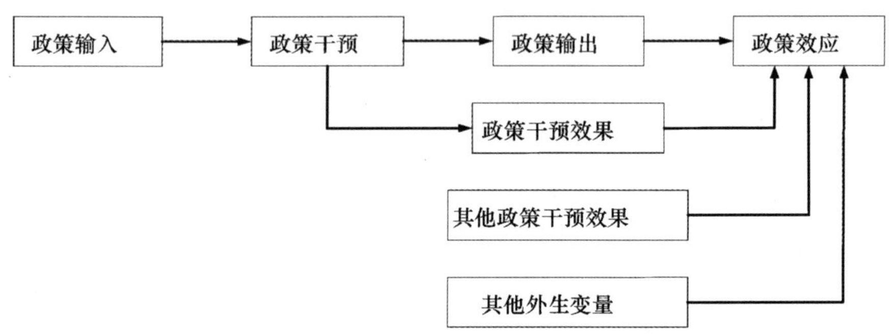

图4.3　分离政策干预效果

相伟[①]也提出了通过“有规划—无规划”对比评估法（见图4.4）、“控制对象—实验对象”对比评估法（见图4.5）可以过滤掉非规划因素的影响，能够对比准确地测度出政策实际效果。但我国是单一制国家，各地区各层级政府都编制、实施发展规划，没有条件进行试验分离其他政策的干预效果，因此基于现有技术条件不够，对规划实施效果暂不做评估。

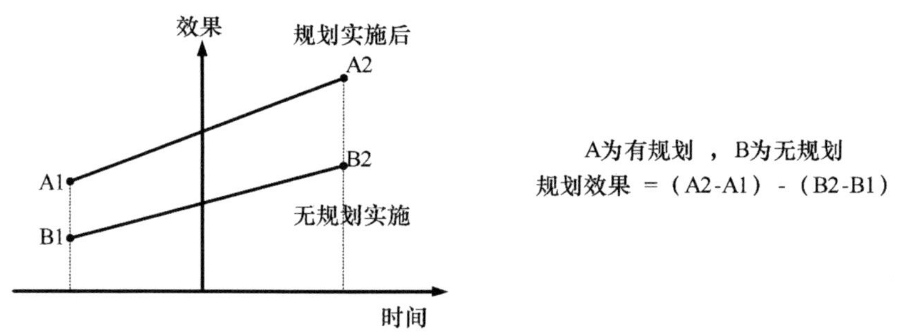

图4.4　“有规划—无规划”对比评估法

① 相伟：《我国发展规划评估的理论与方法研究》，经济科学出版社2012年版，第144—145页。

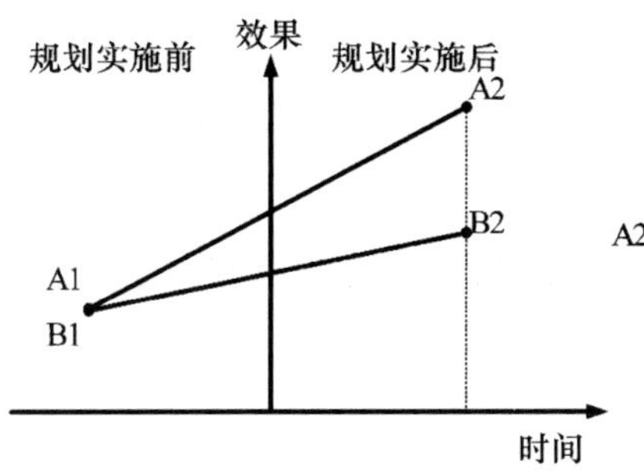

图 4.5　“控制对象—实验对象”对比评估法

表 4.9　变量测量——规划实施绩效

测量选项	测度依据
按照“时间过半，进度过半”的要求，“十三五”规划纲要中期评估时的总体完成情况	陈升、李兆洋、王英杰：《省级五年发展规划实施与绩效：“十二五”为例》，《科研管理》2019 年第 4 期；陈升、刘泽、杨永恒：《规划编制影响规划完成程度的定量分析》，《中国软科学》2019 年第 5 期
到目前为止，“十三五”规划纲要的发展任务总体完成情况	
到目前为止，“十三五”规划纲要预期性指标总体完成情况	
到目前为止，“十三五”规划纲要约束性指标总体完成情况	

（四）控制变量的测量

控制变量是可能影响结果但不属于主要研究兴趣的变量，在其他的研究中可能会被作为一个主要的自变量（前因变量）。①

影响规划实施绩效的控制变量主要包括发展规划实施过程各部门及各地方执行的动力和具备的资源，分别对应地方（部门）执行动力和资源动员能力，代表着地方（部门）愿意执行发展规划的程度和能否执行发展规划的能力。地方执行动力主要从发展规划指标完成情况是否会影响部门（地区）的奖励、受批评、干部综合考核分数等进行测量。资源

① 徐淑英、欧怡：《科学过程与研究设计》，载陈晓萍、徐淑英、樊景立主编《组织与管理研究的实证方法》，北京大学出版社 2008 年版，第 20 页。

动员能力是一个相对概念，主要是相对周边地区，上级部门对本地区重视程度、本地区在区域发展战略地位的重要程度以及本地区主要领导的资源动员能力。

此外，本研究还考虑不同层级政府部门这一控制变量，如省级、市级和区县级部门。

表 4.10 **变量测量——资源动员能力和执行动力**

	测量选项	测度依据
资源动员能力	相比周边地区，上级部门对本地区的重视程度	官员与专家意见
	相比周边地区，本地区在区域发展战略地位的重要程度	
	相比周边地区，本地区主要领导的资源动员能力	
执行动力	五年规划指标完成情况会影响部门（地区）的奖励	官员与专家意见
	五年规划指标完成情况会影响到部门地区是否被批评	
	五年规划指标完成情况会影响到干部综合考核分数	

二 问卷的相关介绍和说明

（一）问卷的设计、发放及回收

借鉴 Churchill 的方法，问卷设计主要包括题项形成、表述调整和问卷纯化三个阶段。[①]（1）题项形成。一般而言对于题项的设计要首先参考已有文献的成熟量表。但是目前关于发展规划决策机制的研究较少，因此本研究主要是根据长期的调研经验和相关资料，形成量表。需要说明的

① Gilbert A. Churchill, Jr., "A Paradigm for Developing better Measures of Marketing Constructs", *Journal of Marketing Research*, 1979, 16 (1): 64 – 73.

是，在变量题项具有一致性前提下，题项数量越多变量信度越高[①]，因此，本研究的问卷每个变量至少由三个及以上题项构成。在初步问卷形成后，反复征求长期研究发展规划的C市宏观经济研究院Z副研究员和某大学C教授的意见，对变量每一个题项的重要性、必须性等进行评估，对问卷进行增加、删减、修改。（2）表述调整。问卷效度有可能因为学术界和实务界话语体系的差异受影响。[②] 修改后的问卷反复征求C市发改委规划处原处长和多名工作人员的意见。针对问卷变量的逻辑关系、措辞表述等再次进行反复确认修改，让问卷尽可能符合官员的认知、理解水平。（3）问卷纯化。问卷设计后，分发给宏观经济研究院20多名长期参与发展规划编制、评估的处级领导和工作人员进行填写，根据反馈进一步修改问卷，形成问卷定稿。

获得问卷对象底册。通过国家发改委官网获得各省市区（共31个）发改委规划处的负责人、联系电话、联系地址、邮编号码等信息；通过网上各个地级市（共291个地级市，不包括自治州等）发改委（局）官网获得发改委（局）的联系电话、联系地址、邮编号码等信息；每个地级市抽取两个区县（共582个区县），通过百度获取各个区县发改局的联系地址、邮编号码。

问卷发放过程。对于省发改委，先是通过邮件寄送，共寄送两批，然后再逐个打电话确认是否收到邮件；对于没有收到邮件的省份，通过传真、邮件、邮寄等方式再次发送问卷。对于地级市发改委（局），先全部邮寄调查问卷，然后通过网上查询已经发布“十四五”规划前期研究招标公告的地级市发改委规划部门的邮箱地址，通过邮件发送调查问卷。对于区县发改局，由于网络无法查到发改局负责人的名字，在问卷信封上写“发改局局长”字样。第一次先是邮寄了安徽、广东、广西、浙江、江苏

① Gilbert A. Churchill, Jr., “A Paradigm for Developing better Measures of Marketing Constructs”, *Journal of Marketing Research*, 1979, 16 (1): 64-73.

② 唐啸：《正式与非正式激励：中国环境政策执行机制研究》，中国社会科学出版社2016年版，第149页。

五个省份的区县，但是因为地址不准确、对方拒收等原因导致回收效果不理想。最后只能通过委托熟人和市级规划部门通过官方渠道发放问卷。需要说明的是，《国务院关于加强国民经济和社会发展规划编制工作的若干意见》（国发〔2005〕33号）文件就明确自上而下，国家、省、市县的发展规划的编制方式是一致的，《关于统一规划体系更好发挥国家发展规划战略导向作用的意见》（中发〔2018〕44号）也明确提出“省级及以下各类相关规划编制实施也参照国家发展规划”。作者曾经参与过省、市、县的规划编制工作，长期的调查研究经验也表明，省市县与国家的编制决策大体是相同的。因此，本研究将对省、市、县统一发放调查问卷，回收数据。

问卷筛选过程。从2019年5月16日至7月10日，共发放问卷720份，回收问卷322份，问卷回收率44.7%，其中，省级部门61份、市级部门75份、区县部门173份、其他（研究机构等）13份。为了更加精准定位到本地涉及的调研对象，采取了以下措施：（1）省级部门61份问卷中，将范围限定在至少参与过1—3个规划数量（包括发展规划、专项规划和区域规划等）的对象，共52份问卷。同时为了提高问卷填写的有效性，在有2份及以上问卷的省份（如重庆），优先选择职务级别高、参与规划数量多（一般来说，级别和参与规划数量是同正比关系）的问卷，最后保留31份问卷，每一个省各1份问卷；（2）地市级部门75份问卷，将范围限定在至少参与过1—3个规划数量（包括发展规划、专项规划和区域规划等）的对象，共61份问卷。（3）区县级部门173份问卷，将范围限定在至少参与过1—3个规划数量（包括发展规划、专项规划和区域规划等）的对象，共125份问卷。最终的样本问卷是省级31份问卷、地市级61份问卷、区县级125份问卷，共217份问卷，有效样本率30.1%。

从表4.11看出，样本在地区、部门、职务、参与规划数量等的分布都比较均匀，较好地覆盖了不同地区、不同部门、不同职务、不同参与规划数量的人群，具有统计学意义。在此需要对调研样本级别的分布情况进行特别说明（县处级有 41 份，占比 18.9%，乡科级有 176 份，占比 81.1%）。省、地级市和区县涉及发展规划编制决策的主要是厅局级、县处级和乡科级。厅局级主要是省级发改委分管规划处的领导，实际调研中几乎接触不到。本次问卷调研对象主要是县处级和乡科级干部，本来乡科级干部的数量就远大于县处级干部的数量，加上县处级干部（省级发改委规划处负责人和地市级分管规划部门的领导）工作非常繁忙，大部分处级领导同意填写问卷后，会授意规划部门的工作人员按照单位实际情况填写，因此，调研样本在级别上分布符合现实实际情况。

表 4.11　　问卷样本基本特征分布情况

统计项		样本数	比例（%）
地区	东部（13 省份）	53	24.4
	中部（6 省份）	35	16.2
	西部（12 省份）	129	59.4
所在部门	省级部门	31	14.3
	市级部门	61	28.1
	区县部门	125	57.6
职务	分管规划的委（局）领导	15	6.9
	委（局）规划部门负责人	34	15.7
	规划部门工作人员	99	45.6
	其他	69	31.8
级别	县处级	41	18.9
	乡科级	176	81.1
参与编制过的规划数量	1—3 个	128	59.0
	3—5 个	48	22.1
	5—7 个	17	7.8
	7 个以上	24	11.1

（二）关于问卷获取数据必要性、科学性的说明

量化分析可以对各自均“似有道理”但又难以决断的多种假说（或是说法）承担“仲裁”的角色。[①] 本研究的量化分析数据均通过问卷获取，因此需要回答两个问题：为何要通过问卷渠道获取数据？通过问卷渠道获取的数据是否可行？

第一，为何要通过问卷渠道获取数据？主要原因是采用其他方式（如统计数据）对发展规划决策（民主化、科学化、法治化、衔接协调和适时调规）、文本质量、决策共识等的测量几乎不可能，因为目前还没有官方统计指标体系，也缺乏统计相关数据进行衡量。对于发展规划实施绩效[②]，虽然能够对约束性指标和预期性指标进行官方统计，但是仍面临三大难题：（1）“十三五”规划实施期限是2015—2020年，因此，只有2020年才能知道具体指标的完成情况，但是本次问卷是在2019年5—7月发放，尚无官方统计指标对2015—2019年的指标数据进行完整统计。（2）对预期性指标和约束性指标都有专门部门牵头负责，尤其约束性指标还会层层分解落实。近些年，从中央到地方，均采用评估、督查和考核等办法进行落实，但一些约束性指标一年半载根本无法完成，只能通过“统计”或“创新”的方式去完成。[③] 练宏[④]发表在《中国社会科学》的文章《弱排名激励的社会学分析——以环保部门为例》，以县级环保部门节能减排考核为例，揭示为何规定期限内没有完成节能减排任务却没有被“一票否决”？这是因为上下级政府之间的责任连带机

---

① 引自朱悦在《量化历史研究》微信公众号对 Greenwald，Diana Seave 发表在 *The Economic History Review* 上的文章“Modernization and Rural Imagery at the Paris Salon：An Interdisciplinary Approach to the Economic History of Art”的评论观点

② 需要特别说明的是，第三章的规划完成情况主要通过完成计划的指标数与指标总数的比值，这是基于十三个五年规划（计划）数据可获得性和可比性的考虑。

③ 引自对H省发改委规划部门负责人的访谈记录。

④ 练宏：《弱排名激励的社会学分析——以环保部门为例》，《中国社会科学》2016年第1期。

制、非正式合作机制和激励强度机制，上下级政府合作通过将排名靠前的县环保局的减排量分配给靠后的县环保局、调整排名靠后的县环保局的节能减排基数等方式，确保“完成任务”。因此，统计数据某种程度上并没有我们想象中的那么真实客观。（3）对发展规划实施绩效的测量，除了指标之外，还包括主要任务的完成情况，主要任务完成情况没有统计数据，只能通过问卷渠道获取。此外，需要重点说明的是，在中国，政策精英群体的总体规模本来就非常小，由于这个群体身处精英阶层，用常用的调查问卷方法对该群体进行调研比一般的居民或农民困难很多。[①] 目前除了陈升等学者之外，还没有学者运用过该方法进行研究。通过调查问卷的方式获取发展规划编制参与的精英群体的认识感受，不仅对认识中国发展规划决策过程极为重要，也对拓展公共政策的研究有重要意义。

第二，通过问卷渠道获取的数据是否可行？对于问卷数据多大程度真实反映实际情况，这取决于效度。为了保证数据的靠谱，本研究从问卷编制、发放和结果上进行把控。从问卷编制过程来看，本研究的发展规划决策（民主化、科学化、法治化、衔接协调和适时调规）、文本质量、决策共识等的操作化，是建立在文献综述的基础上，并广泛征求本领域专家学者、政府有关部门工作人员的意见，在正式调研前在拟调查对象中进行了小范围的预测试，并根据以上反馈结果对问卷进行了修改，这保证了其建构效度、表面效度、内容效度。从问卷发放过程来看，问卷的发放对象均是发改委（局）规划处（科）参与多个规划编制的领导和工作人员，他们对发展规划编制实施情况较为熟悉。而且发放问卷过程中，我们一再强调是用于客观的学术研究，不涉及敏感问题。从问卷数据处理结果和问卷效

① 朱旭峰：《中国政策精英群体的社会资本：基于结构主义视角的分析》，《社会学研究》2006 年第 4 期。

度检验来看问卷调研问题项的内容效度、收敛效度和区分效度均比较良好，即作者的调研问题可以较大程度上测量各潜变量。事实上，前期作者也是基于调查问卷的方法测量发展规划编制决策相关变量①，并发表在《中国软科学》《科研管理》《电子科技大学学报》（社会科学版）等期刊。

三 分析方法的选择

本研究是探索发展规划决策的内在机制，因此需要用结构方程模型法来进行检验。目前结构方程模型软件比较典型的是 LISREL、AMOS、Mplus、PLS 等，分为两大类，一类是基于协方差分析（Covariance-based SEM）的 SEM 软件，比如 LISREL、AMOS、Mplus，一类是基于方程分析（Variance-based SEM）的 SEM 软件②，比如 SmartPLS。这两类分别以 LISREL 和 SmartPLS 为各自的代表，下面是二者具体使用条件的区别。③ LISREL 软件适用的条件主要是：（1）需要足够充分的先验理论基础，支持验证性研究；（2）观测值要服从多元正态分布，互相之间要独立；（3）最小的样本量是 200—800，才能得出满意的结果；（4）变异分析目标是总体模型拟合（卡方等）。SmartPLS 软件适用的条件主要是：（1）属于探索和解释性研究，因此不需要具备足够的先验理论；（2）对偏离正态的数据也具有稳健性；（3）推荐的样本数是 30—100 以上即可得到相对

① 陈升、李兆洋、王英杰：《省级五年发展规划实施与绩效："十二五"为例》，《科研管理》2019 年第 4 期；陈升、刘泽、杨永恒：《规划编制影响规划完成程度的定量分析》，《中国软科学》2019 年第 5 期。

② 张伟豪：《Partial Least Square（PLS）偏最小平方法 – Second Generation Statistics》（http://biotrainee.com/thread – 2316 – 1 – 1.html），2017 年 10 月 20 日。

③ Claes Fornell.，"A National Customer Satisfaction Barometer：The Swedish Experience"，*Journal of Marketing*，1992，56（1）：6 – 21. Chin W. W.，"The Partial Least Squares Approach for Structural Equation Modeling"，*Advances in Hospitality and Leisure*，1998，8（2）：295 – 338. Gefen D.，Straub D.，Boudreau M. C.，"Structural Equation Modeling and Regression：Guidelines for Research Practice"，*Communication of the Association for Information Systems*，2000，4（1）：2 – 76.

理想的结果；（4）变异分析目标是获得潜变量的得分以及预测的准确性，而不是较高的拟合优度。

本研究的问题是尝试探索中国发展规划决策机制，并没有成熟的理论基础，属于探索性研究；问卷回收的有效样本量共217个，相对于本研究模型框架的8个变量而言，属于小样本，且观测值均属于偏离正态分布；本研究更注重探索内在机制，外生变量对结果变异的解释，具体模型的参数不是本书讨论重点。因此，本研究决定采用Smart PLS软件进行数据分析。

四 问卷信效度检验

衡量信度主要是Cronbanch's Alpha、组合信度（Composite reliability）、外部载荷（Factor loading）三个指标，三个值的标准分别是0.7、0.7和0.5。[①] 首次用PLS软件对样本数据进行分析，首先查看外部载荷，只有文本质量的F6和F7两个题目的载荷值地域为0.5，因此将其删除。删除F6和F7两个题目后，再次进行信度检验，所有题目的外部载荷值均大于0.5。Cronbach's Alpha分别为0.828、0.822、0.798、0.732、0.711、0.867、0.824、0.849、0.829、0.907，组合效度分别为0.88、0.885、0.879、0.825、0.821、0.904、0.878、0.899、0.896、0.941，均大于0.7。综合认为，问卷整体的信度良好，数据测量是可靠的。此外，表4.12还报告了各变量具体题项的均值和标准差。

① Chin W. W.，"The Partial Least Squares Approach for Structural Equation Modeling"，*Advances in Hospitality and Leisure*，1998，8（2）：295－338. Cronbach L. J.，"Coefficient Alpha and the Internal Structure of Tests"，*Psychometrika*，1951，16（3），297－334. Henseler Jörg，Ringle Christian M.，Sarstedt Marko，*Using Partial Least Squares path Modeling in International Advertising Research：Basic Concepts and Recent Issues*，Okzaki，S.，ed.，*Handbook of Partial Least Squares：Concepts，Methods and Applications in Marketing Andrelated Fields*，Berlin：Springer，2012.

表4.12　　问卷信度检验及题项均值、标准差

变量名称	具体题项	均值	标准差	原始题目载荷值	题目载荷值	Cronbach's Alpha	组合效度
民主化	A1	4.41	0.867	0.784	0.781	0.828	0.88
	A2	4.08	1.068	0.802	0.801		
	A3	3.45	1.283	0.771	0.77		
	A4	4.08	1.144	0.845	0.844		
	A5	3.71	1.234	0.644	0.65		
科学化	B1	3.69	0.856	0.839	0.838	0.822	0.885
	B2	3.79	0.881	0.916	0.915		
	B3	3.78	0.926	0.861	0.861		
	B4	4.51	0.734	0.604	0.606		
法治化	C1	3.80	1.263	0.8	0.797	0.798	0.879
	C2	4.24	1.012	0.841	0.844		
	C3	3.90	0.912	0.882	0.882		
衔接协调	D1	3.89	1.039	0.825	0.832	0.732	0.825
	D2	3.90	1.061	0.855	0.86		
	D3	4.35	0.961	0.642	0.633		
	D4	4.27	1.011	0.607	0.597		
适时调规	E1	4.39	0.886	0.804	0.806	0.711	0.821
	E2	3.33	1.437	0.552	0.547		
	E3	4.44	0.780	0.794	0.797		
	E4	4.29	0.960	0.76	0.758		
文本质量	F1	4.45	0.699	0.678	0.731	0.867	0.904
	F2	4.48	0.639	0.722	0.75		
	F3	3.73	0.771	0.825	0.845		
	F4	3.93	0.687	0.857	0.86		
	F5	3.71	0.884	0.842	0.848		
	F6	3.63	1.034	0.465	已删除		
	F7	3.37	1.020	0.454	已删除		

续表

变量名称	具体题项	均值	标准差	原始题目载荷值	题目载荷值	Cronbach's Alpha	组合效度
决策共识	G1	4.35	0.900	0.833	0.833	0.824	0.878
	G2	4.27	0.987	0.877	0.877		
	G3	4.24	1.039	0.837	0.837		
	G4	4.39	0.699	0.595	0.595		
	G5	3.73	0.796	0.679	0.679		
规划实施绩效	H1	3.20	0.695	0.773	0.774	0.849	0.899
	H2	3.22	0.819	0.885	0.885		
	H3	3.11	0.837	0.853	0.852		
	H4	3.41	0.801	0.807	0.807		
资源动员能力	I1	4.02	1.056	0.848	0.848	0.829	0.896
	I2	4.20	0.895	0.847	0.847		
	I3	4.01	1.058	0.889	0.889		
执行动力	K1	3.86	1.262	0.909	0.909	0.907	0.941
	K2	3.90	1.217	0.929	0.929		
	K3	3.78	1.260	0.916	0.916		

注：①资源动员能力和执行动力属于控制变量；②第四列、第五列、第六列，均是删除F6和F7题项之后的外部载荷、Cronbach's Alpha和组合效度值。

问卷效度包括内容效度、收敛效度和区分效度。从内容效度上来看，虽然关于发展规划编制决策前期定量研究没有，笔者在前期问卷调研基础上，改良设置出新的问卷，并多次征求多名长期参与规划编制的处长和工作人员的意见。因此，问卷的内容效度良好。从收敛效度来看，是用AVE平均变量萃取量进行判断，要求大于0.5。① 民主化、科学化、法治化、衔接协调、适时调规、文本质量、决策共识、规划实施绩效、资源动员能

① Cronbach L. J., "Coefficient Alpha and the Internal Structure of Tests", *Psychometrika*, 1951, 16 (3), 297－334. Höck M., Ringle C. M., "Strategic Networks in the Software Industry: An Empirical Analysis of the Value Continuum", *International Journal of Knowledge Management Studies*, 2010, 4 (2): 1－15.

力、执行动力这些变量的 AVE 分别是 0.596、0.662、0.708、0.547、0.540、0.654、0.596、0.690、0.743、0.842，均大于0.5，表明问卷具有良好的收敛效度。从区分效度来看（见表 4.13 和表 4.14），主要是 AVE 值和 HTMT 值。潜在变量 AVE 的平方根均大于潜在变量与其他潜在变量之间的相关系数，说明区分效度很好。[①] HTMT 能更好地检测区分效度较差的模型，Henseler、Ringle 和 Sarstedt 建议 HTMT < 0.90[②]，Clark 和 Watson 建议更严苛的标准是 HTMT <0.85[③]，从表 4.13 可以看出，所有值均小于 0.85。综上，说明量表区分效度良好。

表 4.13　　潜变量相关系数与 AVE 值平方根值

	适时调规	执行动力	民主化	法治化	科学化	衔接协调	决策共识	规划实施绩效	文本质量	资源动员能力
适时调规	0.735									
执行动力	0.392	0.918								
民主化	0.213	0.247	0.772							
法治化	0.213	0.287	0.619	0.842						
科学化	0.34	0.372	0.54	0.681	0.814					
衔接协调	0.25	0.24	0.592	0.679	0.568	0.74				
决策共识	0.346	0.299	0.557	0.558	0.54	0.617	0.772			
规划实施绩效	0.148	0.239	0.389	0.473	0.406	0.428	0.503	0.831		
文本质量	0.381	0.379	0.524	0.65	0.69	0.656	0.698	0.494	0.809	
资源动员能力	0.269	0.252	0.389	0.357	0.394	0.403	0.517	0.328	0.493	0.862

① Fornell C., Larcker, D. F., "Evaluating Structural Equation Models with Unobservable Variables and Measurement Error", *Journal of Marketing Research*, 1981 (18): 39 – 50.

② Henseler Jörg., Ringle C. M., Sarstedt M., "A New Criterion for Assessing Discriminant Validity in Variance-based Structural Equation Modeling", *Journal of the Academy of Marketing Science*, 2015, 43 (1): 115 – 135.

③ Clark, L. A., Watson, D., "Constructing Validity: Basic Issues in Objective Scale Development", *Psychological Assessment*, 1995, 7 (3): 309 – 319.

表 4.14 用 HTMT 值判定区分效度

	适时调规	执行动力	民主化	法治化	科学化	衔接协调	决策共识	规划实施绩效	文本质量	资源动员能力
适时调规										
执行动力	0.514									
民主化	0.286	0.277								
法治化	0.277	0.338	0.757							
科学化	0.453	0.429	0.644	0.815						
衔接协调	0.329	0.263	0.755	0.825	0.682					
决策共识	0.449	0.343	0.66	0.65	0.643	0.747				
规划实施绩效	0.2	0.274	0.465	0.565	0.467	0.51	0.586			
文本质量	0.478	0.427	0.603	0.757	0.808	0.768	0.808	0.57		
资源动员能力	0.343	0.289	0.459	0.398	0.457	0.486	0.602	0.381	0.57	

五 问卷结构方程模型分析结果

先将控制变量（资源动员能力和执行动力）加入发展规划决策机制模型进行整体检验，模型中所有变量对规划实施绩效的解释力指标 R^2 为 0.296。其一，看民主化、科学化、法治化、衔接协调和适时调规分别对文本质量和决策共识的影响。民主化对决策共识产生显著正向影响，影响系数为 0.208，对文本质量不存在显著影响。科学化对文本质量存在显著正向影响，影响系数为 0.343，对决策共识不存在显著影响。法治化对文本质量存在显著正向影响，影响系数为 0.167，对决策共识不存在显著影响。衔接协调对文本质量和决策共识均存在显著正向影响，影响系数分别是 0.291 和 0.318。适时调规对文本质量和决策共识均存在显著正向影响，影响系数分别是 0.150 和 0.158。其二，看文本质量和决策共识对规划实施绩效的影响，决策共识对规划实施绩效产生显著正向影响，影响系数为 0.291，文本质量对规划实施绩效也产生显著正向影响，影响系数为

0.253，决策共识对规划实施绩效的贡献大于文本质量。另外，从模型的VIF值来看，均小于4，可以排除多重共线性问题。具体见表4.15。

表4.15 **模型建设检验结果**

	路径系数	标准差	T统计量	P值	VIF	结论
民主化→决策共识	0.208**	0.07	2.973	0.003	1.824	支持原假设
民主化→文本质量	0.031	0.069	0.45	0.652	1.824	拒绝原假设
科学化→决策共识	0.133	0.077	1.742	0.082	2.116	拒绝原假设
科学化→文本质量	0.343***	0.06	5.747	0.000	2.116	支持原假设
法治化→决策共识	0.089	0.098	0.901	0.368	2.636	拒绝原假设
法治化→文本质量	0.167*	0.08	2.086	0.037	2.636	支持原假设
衔接协调→决策共识	0.318***	0.085	3.767	0.000	2.097	支持原假设
衔接协调→文本质量	0.291***	0.067	4.346	0.000	2.097	支持原假设
动态调整→决策共识	0.158**	0.057	2.774	0.006	1.144	支持原假设
动态调整→文本质量	0.150**	0.056	2.665	0.008	1.144	支持原假设
文本质量→实施绩效	0.253**	0.083	3.046	0.002	2.159	支持原假设
决策共识→实施绩效	0.291***	0.09	3.218	0.001	2.114	支持原假设
资源动员能力→实施绩效	0.041	0.083	0.498	0.618	1.438	不显著
执行动力→实施绩效	0.046	0.062	0.742	0.458	1.177	不显著
R^2（实施绩效）	0.296					
R^2（文本质量）	0.610					
R^2（决策共识）	0.488					

注：*、**、***表示显著性水平分别为0.05、0.01、0.001。

那么，以上研究结论在省级、地市级和区县级是否存在显著性影响？本研究通过增加“不同层级政府”控制变量进行验证。如表4.16所示，加入“不同层级政府”控制变量，检验发现，“不同层级政府”对文本质量、决策共识和规划实施绩效均不存在显著性影响。同时，添加控制变量后我们发现，各个路径的路径系数和显著性基本保持大体相同，这表明不同层级政府在发展规划决策机制方面没有显著性差异。另外，从模型的VIF值来看，均小于4，可以排除多重共线性问题。

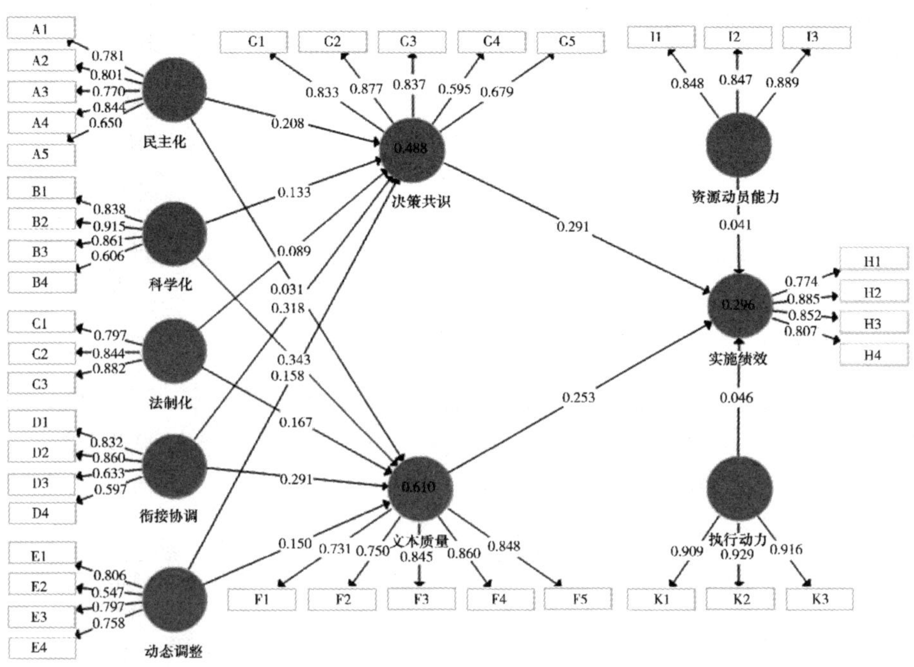

图 4.6　模型检验结果

表 4.16　　　　　　　　模型建设检验结果

	路径系数	标准差	T 统计量	P 值	VIF	结论
民主化 → 决策共识	0.207 **	0.070	2.945	0.003	1.825	支持原假设
民主化 → 文本质量	0.031	0.072	0.424	0.672	1.825	拒绝原假设
科学化 → 决策共识	0.134	0.078	1.712	0.087	2.116	拒绝原假设
科学化 → 文本质量	0.343 ***	0.063	5.421	0.000	2.116	支持原假设
法治化 → 决策共识	0.089	0.102	0.865	0.387	2.636	拒绝原假设
法治化 → 文本质量	0.168 *	0.082	2.041	0.042	2.636	支持原假设
衔接协调 → 决策共识	0.320 ***	0.084	3.820	0.000	2.099	支持原假设
衔接协调 → 文本质量	0.292 ***	0.069	4.214	0.000	2.099	支持原假设
动态调整 → 决策共识	0.152 **	0.056	2.704	0.007	1.205	支持原假设

续表

	路径系数	标准差	T 统计量	P 值	VIF	结论
动态调整 → 文本质量	0. 143 **	0. 055	2. 591	0. 010	1. 205	支持原假设
决策共识 → 实施绩效	0. 293 **	0. 095	3. 094	0. 002	2. 122	支持原假设
文本质量 → 实施绩效	0. 256 **	0. 084	3. 031	0. 003	2. 169	支持原假设
执行动力 → 实施绩效	0. 046	0. 063	0. 730	0. 465	1. 177	不显著
资源动员能力 → 实施绩效	0. 039	0. 086	0. 446	0. 655	1. 449	不显著
不同层级政府→ 决策共识	0. 027	0. 051	0. 532	0. 595	1. 059	不显著
不同层级政府→ 文本质量	0. 027	0. 043	0. 616	0. 538	1. 059	不显著
不同层级政府→ 实施绩效	－0. 023	0. 057	0. 408	0. 683	1. 019	不显著
R^2（实施绩效）	0. 296					
R^2（文本质量）	0. 611					
R^2（决策共识）	0. 489					

注：*、**、*** 表示显著性水平分别为 0. 05、0. 01、0. 001。

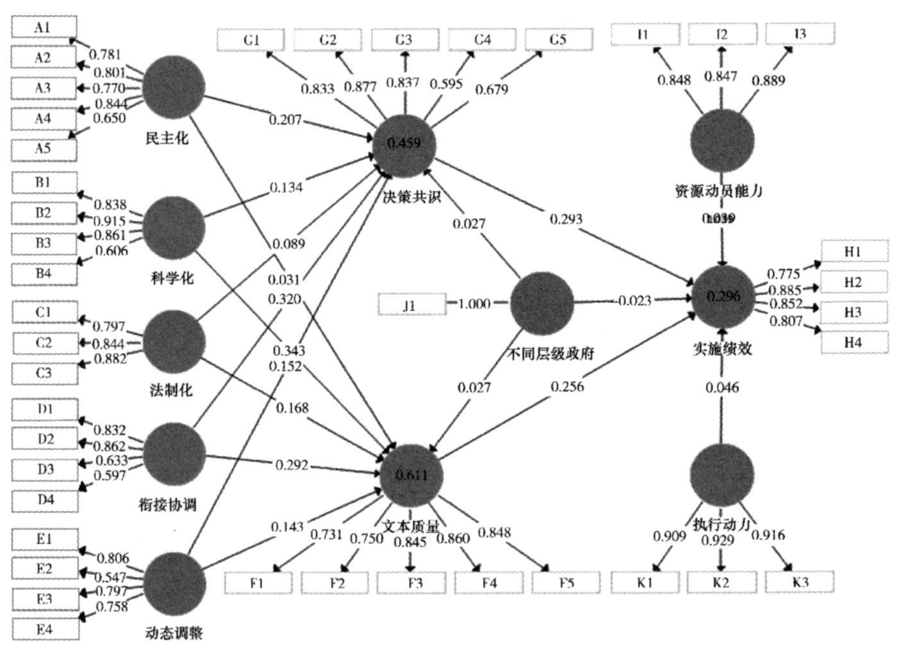

图 4. 7　考虑不同层级政府的模型结果

六　分析和讨论

通过对调研样本数据的结构方程建模分析，对第三章提出的假设进行了验证。数据结果显示，第三章提出的假设大部分都得到证实，民主化、科学化、法治化、衔接协调和适时调规不同程度显著正向影响文本质量和决策共识，文本质量和决策共识不同程度显著正向影响规划实施绩效。具体假设验证情况汇总见表 4.17。

表 4.17　**发展规划决策机制的验证情况汇总**

假设序号	假设内容	验证情况
H1	民主化对决策共识有显著正向影响	通过
H2	民主化对文本质量有显著正向影响	未通过
H3	科学化对决策共识有显著正向影响	未通过
H4	科学化对文本质量有显著正向影响	通过
H5	法治化对决策共识有显著正向影响	未通过
H6	法治化对文本质量有显著正向影响	通过
H7	规划间衔接协调对决策共识有显著正向影响	通过
H8	规划间衔接协调对文本质量有显著正向影响	通过
H9	适时调规对决策共识有显著正向影响	通过
H10	适时调规对文本质量有显著正向影响	通过
H11	决策共识对规划实施绩效有显著正向影响	通过
H12	文本质量对规划实施绩效有显著正向影响	通过

根据以上研究假设验证结果，发展规划决策内在机制如图 4.8 所示。与第三章的理论模型相比，实证结果验证了民主化对决策共识产生显著正向影响，科学化和法治化对文本质量产生显著正向影响，衔接协调和适时调规对决策共识和文本质量均产生显著正向影响，决策共识和文本质量均

对实施绩效产生显著正向影响。但与第三章的理论模型相比，不同之处是，民主化对文本质量没有显著性影响，科学化和法治化对决策共识没有显著性影响。下面对发展规划决策机制具体分析和讨论。

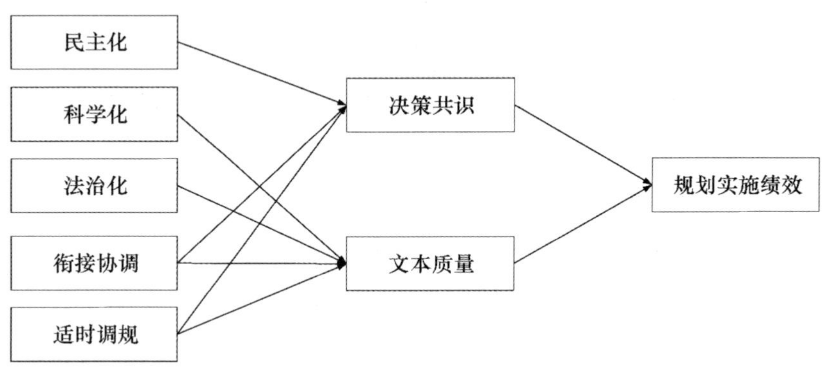

图 4.8　发展规划编制决策内在机制

（一）民主化机制的作用

民主化机制。民主化分为狭义民主和广义民主。狭义的民主化，即让公众参与决策，听取公众需求。广义的民主化，即让所涉及的包括公众在内的广大群体参与决策，听取各主体的意见和需求。代表有关群体的利益要求和愿望是政策合法性基础的核心①，发展规划是我国重要的政策纲领，涉及未来五年经济社会发展方方面面的内容，而且专业性较强，应该从广义的民主化进行考虑，听取包括公众在内的各方面的意见和需求。事实上，发展规划的编制过程已经是世界上最大规模人员参与的政策民主化过程②：第一，对于地方和部门而言，一是各个地方、各个部门领导熟悉具体情况，征求他们的意见能够编制出接地气的规划；二是发展规划最终是

① Jones, Charles O., *An Introduction to the Study of Public Policy*, Belmont, Calif.: Wadsworty, 1970.

② 王绍光、鄢一龙：《中国民主决策模式：以五年规划制定为例》，《马克思主义研究论库》第一辑，中国人民大学出版社 2015 年版，第 92 页。

通过各地方和各部门实施，征求他们的意见，才能保证规划得到更好的执行。第二，对于公众而言，只有将自上而下开展调研和自下而上建言献策相结合，听取公众的需求、集中公众智慧，才能制定出“以人为本”的发展规划，并通过发展规划的实施不断提高公众的“获得感、幸福感”。第三，对于人大政协而言，人大是权力机关，有审议发展规划的权力，政协主要是履行政治协商、民主监督和参政议政的职能。人大代表和政协委员虽来自不同的行业，却是社会各界的精英，如退居二线的官员、优秀企业家、优秀文艺工作者等。听取人大代表和政协委员的意见，有利于提高规划文本质量。部分地方的人大代表和政协委员有时候还是地方的诉求表达者，听取他们的意见，能够间接听取地方的诉求，达成更广泛的决策共识。

根据前面数据分析结果，民主化对决策共识有显著正向影响，对文本质量没有显著正向影响。

民主化对决策共识有显著正向影响。丁煌认为决策民主化主要包括决策目标民主和决策方式民主，决策目标民主是指决策目标要充分体现民意，决策方式民主是指增加决策透明度、扩大决策参与。① 本研究补充认为，决策方式民主是为了决策目标民主，决策目标民主是最终目标，而且决策目标民主除了体现民意，更是寻求对决策方案的理解和认同。对于发展规划而言，决策目标民主既是自下而上反映社会公众未来五年具体的民生需求，以及部门和地方未来五年的发展诉求，也是自上而下理解并认同国家未来五年的发展思路、发展理念。国家未来发展战略、部门及地方发展诉求、社会公众民生需求三者之间交流、碰撞，最终形成政治共识、政策共识和社会共识。对于人大政协而言，他们相对从全局考虑，观点比较超脱②，能有效克服发展规划决策过程中地方部门为争取发展利益固执己

① 丁煌：《听证制度：决策科学化和民主化的重要保证》，《政治学研究》1999 年第 1 期。

② 王绍光、鄢一龙：《中国民主决策模式：以五年规划制定为例》，《马克思主义研究论库》第一辑，中国人民大学出版社 2015 年版，第 111 页。

见、人民群众表达需求渠道较少、能力较弱等诸多弊端，提高共识效率、保障共识质量。

民主化对文本质量没有显著正向影响。根据我们长期的跟踪调研发现，之所以民主化对文本质量没有产生显著正向影响，是因为虽然发展规划编制决策过程通过座谈会广泛征求同级部门、下级地方、社会公众、人大政协等主体的意见和建议，但现实情况是，“座谈会”不等于“论证会”，会议时间短、发言主体多，大家往往更多的是提供文件（数据）资料、反映真实的现状或是提供调研情况等，属于浅层面事实意见。而且就算提供对于未来五年发展思路的深层面观点意见，也是比较零散，没有经过深入系统的论证。因此，民主化主要的功能是给各位主体提供表达诉求、对规划文本是否认同的渠道和机会。

（二）科学化机制的作用

科学化机制。决策科学化不单单指的是决策结果，更重要的是决策过程科学化。没有决策过程的科学化就无法实现决策结果的科学化。第一，充分的前期调研。发展规划是带有思想性、战略性、方向性的知识型政策，需要创新性地提出诸如发展主线、发展定位、发展指标等带有战略性和预测性的知识观点，这些观点不但具有隐性知识特征，而且还具有不确定性和不可完全预知性。要准确地提出既接地气又符合未来趋势的知识观点，决策者（主要包括决策层成员）除了需要丰富的决策经验，也需要掌握本地区和其他地区的基本情况。其一，对本地情况掌握得越多、越新、越准确，越利于提出立足本地区发展历史的接地气的未来性知识观点。调研是编制出接地气的发展规划的重要基础。没有调研、不了解实际情况，最后编制出来的规划是无法落地实施的。其二，掌握本地区的情况越多，越利于在全局谋划本地区的发展，找出一条既和上一级区域发展思路相融合，又和其地区发展思路差异化的发展道路。其三，对于地方而言，掌握其他地区的情况越多，越利于提出科学的发展定位和发展指标，保持本地区的发展优势。第二，科学论证发展指标。国家治理以目标治理为导向①，通过每五年发展规划具体目标的完成，逐步实现国家的宏观战略目标。因此，目标及其细分指标设置的科学性尤为关键。需要分别经过前期深入研究、中期经济模型推演、后期各层级各主体从多方面反复论证等，才能制定出科学的目标（指标）体系。第三，科学论证重大项目。发展规划的重要抓手就是国民经济社会发展各个领域的重大项目，只有依靠重大项目的落地，才能完成发展规划目标，推动国家和地区发展。因此，必须围绕国家有关政策方向，充分论证规划科学性、可行性、全局性，充分了解项目开工建设对资金、政策等各方面的需求，与上级和平级部门充分沟通，形成合力，才能保证项目在规划期能按时落地。②

根据前面数据分析结果，科学化对文本质量有显著正向影响，对决策共识没有显著正向影响。

科学化对文本质量有显著正向影响。“编制发展规划，不摸清底数，规划编制就会失败”③，要摸清底数就必须科学化编制规划。科学化决策对文本质量的影响主要体现在以下三大方面：第一，有利于正确分析环境和谋划未来发展思路。发展规划编制要科学地分析当前和未来的环境变化，并以此提出科学的发展思路。未来五年时间，不管是国际环境还是国内环境都会动态变化，需要做深入的前期研究。第二，有利于科学设定发展指标。发展指标要科学设定，必须经过多方专业人士反复论证。老干部有丰富的经验，对 GDP 等核心指标的增长预测往往比模型还准确。智库专家从各个方面、角度进行论证，给出专业建议。本级发改委要负责 GDP 等核心指标的实施，会科学冷静给主要领导提出高中低多个方案，认真分析每个方案的优势劣势。上级发改委在规划衔接时，会给出中肯的建议，促使地

① 鄢一龙：《目标治理：看得见的五年规划之手》，中国人民大学出版社 2013 年版，第 59 页；胡鞍钢：《“十三五”规划或将开启新的经济上行期》（http://www.china.com.cn/opinion/think/2015-08/21/content_36371432.htm），2015 年 8 月 21 日。

② 《西安市阎良区发展改革和经济局关于“十三五”规划纲要实施情况的中期评估报告》（http://www.yanliang.gov.cn/xxgk/ggjg/fzgg/121157.html），2018 年 10 月 30 日。

③ 引自 C 市发改委 M 副主任在全市“十四五”规划编制启动会议上的讲话。

方作出科学决策。决策层领导在综合各方建议的基础上，民主决策确定，同级人大最后再次审议指标。因此通过多方专业人士的科学反复论证能最大程度确保设定的指标尽可能科学。第三，有利于项目策划包装、纳入上级或国家发展规划。“渝怀铁路”项目就是一个较好的证明。从 1990 年 4 月重庆市计委在国家计委召开的全国“八五”及十年交通规划座谈会提出“渝怀铁路”项目建议开始，重庆市计委、铁道部第二勘测设计院、四川省、湖南省和贵州省政府多方参与论证，通过规划座谈会、长江沿江地区座谈会、人大代表政协委员等渠道提出建议，最终在国家“八五”计划立项。

科学化对决策共识没有显著正向影响。根据长期跟踪调研发现，发展规划的发展思路、发展定位、核心指标等核心要素的确定是需要长期进行宏观研究，掌握本地区、其他地区甚至国家层面的知识信息，具备开阔视野和丰富决策经验的决策者进行反复讨论、对比论证确定的。① 对于一个地方而言，往往对发展规划核心要素进行论证决定的群体具备以下两个特征：一是规模小，级别高。这样的决策者往往是党政一把手、分管发改委（局）领导和发改委（局）核心成员。这类决策参与者业务水平高。以发改部门为例，其属于综合部门，内部工作人员既要对宏观经济了解，又要对各个行业了解，俗称“外行面前是内行，内行面前不外行”，业务水平在所有部门属于前列。② 更不必说，党政层面的高级领导，往往具备更加丰富的任职经历和决策经验，业务水平更高。二是代表整体利益。以上决策者并不是最终规划任务指标的实施部门，因此不代表某个部门（地方）利益，考虑问题是从全局角度出发，立足现在，着眼长远。基于以上两个特征，本研究认为，发展规划对发展思路、发展定位、核心指标等进行科学论证的过程，是真正考虑起草一个能够符合未来发展趋势、

---

① 陈升、刘泽、杨永恒等：《基层知识型公共政策决策机制理论建构——基于 B 县“十三五”规划编制的案例研究》，《公共管理学报》2018 年第 3 期。

② 引自对 C 市发改委原规划处处长的访谈记录。

领导各方的政策文本的过程，而不是各部门（地方）从个体角度表达诉求、考虑各部门（地区）发展的过程。因此，科学化没有对决策共识产生显著影响。

（三）法治化机制的作用

法治化机制。法治化，就是建立完善的程序、遵守建立的程序，并监督对程序的执行情况。“二五”计划至“五五”计划，本来就不健全的程序在政治运动的冲击下七零八碎，导致计划根本无法正常编制。“七五”计划开始逐渐恢复并建立新的程序（诸如将规划细分为基本思路研究、建议起草和纲要编制，建立中期评估和专家论证程序，等等），并逐步制度化。西蒙将理性分为实质理性和程序理性两个维度。程序理性是实质理性的保证，严格遵照程序进行决策，既极大程度避免“人为操控”和“决策失误”，又尽可能保证为所有参与主体所接受，实现最大程度的实质理性。对于发展规划决策而言，程序化是民主化和科学化的基础，只有踏踏实实把每个程序走完，才可以保证民主化——无数的参与者参与其中，才可以保证科学化——集中智慧编制、论证规划，确保文本质量。

根据前面数据分析结果，法治化对文本质量有显著正向影响，对决策共识没有显著正向影响。

法治化对文本质量有显著正向影响。法治化，即严格遵循制度化的程序进行决策，每个程序都有规定的决策参与者、决策内容和决策方式。制度化的决策程序，将“分散的无系统的意见”转化为“集中的系统的意见”[①] 的同时，也避免决策者“权力专断”、专家“知识垄断”或者公众“民粹主义”，防止凭经验盲目决策、凭直觉仓促决策、凭感情随意决策、凭印象片面决策，避免决策失误。即使发生失误也能避免较小失误转变为

① 《毛泽东选集》第3卷，人民出版社1991年版，第899页。

重大失误、短期失误转变为长期失误，从而确保决策的规范化。[①] 发展规划编制的主要程序分为前期研究、建议起草、纲要编制三大阶段。前期研究主要是对当前和未来五年面临的重大问题和主要矛盾进行深入分析，并形成基本思路，是编制的基础；基于基本思路的研究，建议起草主要是对重大事项进行决策，包括发展思路、发展理念、发展目标和发展任务等；纲要编制主要是针对建议的内容进行细化，包括提出具体指标、具体建设任务和具体项目抓手等（见图4.9）。当然，前期研究、建议起草、纲要编制三大阶段中还包括数十个小程序，总体上构成一个完整的层层递进的决策程序，可以保证发展规划从雏形到成熟，质量呈现阶梯式稳步上升（见图4.10）。从整体程序来看，起草后进行规划间的衔接，确保规划体系的整体质量，形成规划合力；规划论证，能够进一步提高发展规划核心指标、重大项目的科学性；在人民代表大会审议的同时，会根据代表委员意见再次修改，针对代表委员提的意见，能吸收尽量吸收，如果是受报告篇幅、语言等限制，不大好吸收或不能吸收的，则派出工作人员向代表委员作出解释说明，对有争议的暂缓吸收并交由相关部门进一步调查。

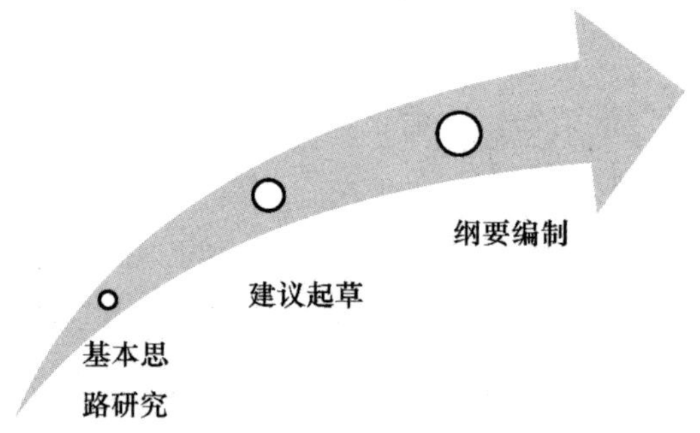

图4.9　发展规划编制三大阶段

① 王磊、胡鞍钢：《结构、能力与机制：中国决策模式变化的实证分析》，《探索与争鸣》2010年第6期；李卫华：《公共政策民主化、科学化、法制化的实现条件及其内在关联》，《理论探讨》2015年第1期。

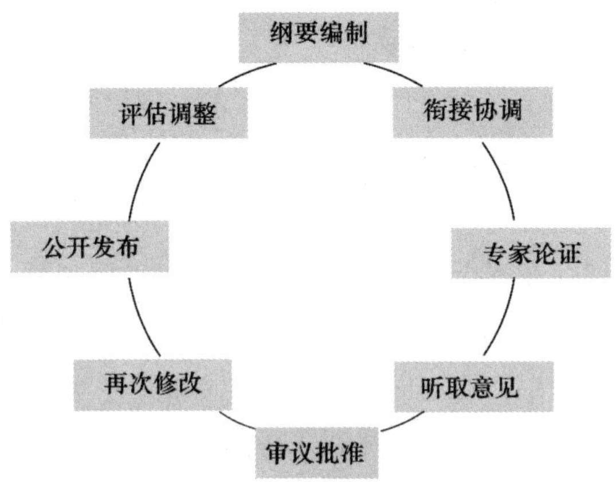

图 4.10　发展规划决策相关程序

法治化对决策共识没有显著正向影响，可能是法治化只是决定按照程序编制发展规划，但具体每一个程序中参与征求意见的各部门（地方）的覆盖面、参与意愿以及诉求吸纳情况却无法得到确切保证。笔者在长期跟踪 Y 省 C 县和 S 省 C 区调研时发现，当地发改局虽然按照程序多次征求不同主体的意见，但更重视的是听取领导（尤其是主要领导）的意见，对于非领导人员（如退休老干部等）的意见则不会太重视，时间如果太紧急来不及修改，甚至可能会暂时忽略这部分群体的意见。

（四）衔接协调机制的作用

衔接协调机制。发展规划处于严密复杂的规划体系之中，因此尤其要注重规划之间的衔接协调，重点要做到“对上衔接”和“对下协调”。第一，对上衔接。以省级发展规划为例，与国家发展规划针对发展理念、发展指标（尤其是约束性指标）进行衔接属于“规定动作”，更重要的是要表达发展意愿和诉求。国家发展规划是对地方在国家未来五年发展大局的地位的彰显，也是国家未来五年发展资源在地方的分配，涉及地方发展利益，因此通过与国家发展规划衔接过程表达地方政府发展诉求。具体的形式可以通过国家召开规划征求意见座谈会（片区会）、中央领导深入地方调研等时机反映，也可以通过地方人大代表和政协委员等渠道反映。第二，对下协调。只有对下协调好，才能真正发挥发展规划的“龙头”作用。从往年发展规划实施情况来看，下一级地方的发展理念和指标设置和本级政府发展规划契合度越高，本级政府规划指标完成情况越好。但现实中某种程度上依然存在下级发展规划不遵守上级发展规划，以及上级发展规划滞后于专项规划、区域规划的无序现象，不利于发展规划的落地实施。在编制决策过程中，发展规划要就预期性指标、约束性指标等关键内容对下级规划、专项规划和区域规划进行协调，避免“层层衰减”或“层层加码”现象发生。

根据前面数据分析结果，衔接协调对决策共识和文本质量均有显著正向影响。

衔接协调对决策共识有显著正向影响。公共政策需要多元主体共同参与、高度协同，才能发挥最大效能。① 发展规划如果没有就目标和任务进行衔接协调好，就无法付诸实施。② 衔接协调对决策共识的影响主要体现在对下协调方面，既要向下传达贯彻上级规划精神，又要兼顾下级地方发展诉求。尤其是约束性指标的衔接协调实行的是计划管理③，下级必须全面承接，但也不是拍脑袋，而是上下互动、反复论证测算。我国是“规划之国”，构成了严密的三级四类规划体系。规划间必须上下协调、左右衔接，才能统一规划体系，发挥发展规划战略导向作用，真正实现“规划治国”。

衔接协调对文本质量有显著正向影响。政府规划是一个系统性工程④，国家文件规定，“坚持下位规划服从上位规划、下级规划服务上级

① 王宏广、王革、韦东远等：《高端科技智库建设要力争做到“九有”：兰德公司智库建设及其对我国科技智库建设的启示》，《科技中国》2018 年第 5 期。

② Edwards L. M. , Strategic Planning in Local Government: Is the Promise of Performance a Reality? [D] Georgia State University: Department of Public Management and Policy, 2012.

③ 与 C 市发改委原规划处处长的访谈记录。

④ 引自 C 市政府 L 副秘书长在全市“十四五”规划编制启动会议上的讲话。

规划、等位规划相互协调……统一规划体系”，“没有衔接的草案不得提请批准、公布和实施”。衔接协调对文本质量的影响主要体现在以下三方面：第一，避免规划打架，形成规划合力。比如下位规划和下级规划分别服从上位规划和上级规划，等位规划相互协调，可以保证发展理念、发展定位和发展战略等自上而下一以贯之，避免规划思路、目标、政策手段冲突打架，造成资源浪费。第二，利于将重大项目、重大工程和重大改革政策等内容纳入上级或国家规划当中，以获取上级或国家在未来五年更多的政策、资金支持，并提升相关工作的战略地位和合法性。[①] 例如“十三五”规划编制时，重庆专门到北京与国家发改委对接，将“要建成一带一路和长江经济带的连接点”等内容纳入国家“十三五”规划纲要当中。[②] 第三，对于需要上级地区或国家统一协调布局的基础设施、战略资源开发等进行衔接，否则单凭一个地区的能力、资源无法支撑规划目标的实现。例如，三峡大坝通航能力受限，造成重庆市的油气储备量过低，对重庆的经济发展造成致命影响。虽然三峡工程并不在重庆，但是重庆联合其他相邻省份极力将建设“三峡新通道”的提法写进了国家“十三五”规划。[③]

（五）适时调规机制的作用

适时调规机制。“十一五”过半，全国人大常委会首次对五年规划中期评估报告进行审议。规划中期评估有利于根据形势变化和实施情况对规划进行适时调整，也有利于下一个五年规划的科学编制。发展规划的实施期限是 5 年，规划实施过程所处的环境总在不断变化并难以预测[④]，因此

① 王绍光、鄢一龙：《中国民主决策模式：以五年规划制定为例》，《马克思主义研究论库》第一辑，中国人民大学出版社 2015 年版，第 169 页；杨君、倪星：《积极责任与官员责任体系建构——基于政府工作报告政策过程的观测》，《中国社会科学内部文稿》2019 年第 1 期。

② 与 C 市发改委原规划处处长的访谈记录。

③ 与 C 市发改委原规划处处长的访谈记录。

④ Sebastian Heilmann：《中国异乎常规的政策制定过程：不确定情况下反复试验》，《开放时代》2009 年第 7 期。

必须相机决策、灵活调整，实现适时调规。确切来说，发展规划的核心是确立正确的战略目标，以及设定能够达成战略目标的具体目标、指标和任务。形象地说，发展规划既说明了我们的目的是“过河”（如要实现全面建成小康社会），也具体说明了要实现“过河”所使用的“桥”和“船”等工具①，只要坚持战略目标不动摇，“桥”和“船”根据具体情况进行更换并不会影响战略目标的实现，反而会更好更快促进战略目标的实现。发展规划的适时调规主要体现在以下方面：第一，根据国际形势变化进行调整。我国与国际社会已经成为了“人类命运共同体”，国际形势的变化会对我国产生重要影响。由于经济形势比较乐观，没有对国际金融危机的影响预估到位，很多地方在制定“十二五”规划时，将指标设定太高，完成起来颇为困难。在中期评估过程中，只能对过高的指标等进行了调整。第二，根据国家政策取向进行调整。发展规划实施过程中，会根据最新的国家政策取向对发展规划的指标和项目等进行适时调整。例如，为了贯彻国家对绿色发展的要求，中期评估调整可能会取消未符合标准的项目，或者对标国家节能减排的最新统计口径对指标进行调整。第三，根据自身发展需要进行调整。如果中期评估发现，某些发展规划指标预期可以超额完成，结合本地区发展的客观需要，可能会对这些发展指标适当调高，同时新增相对应的发展项目。

根据前面数据分析结果，适时调规对决策共识和文本质量均有显著正向影响。

适时调规对决策共识有显著正向影响。发展规划的核心不是搞计划经济，不是要求规划指标必须完完全全达到（除了约束性指标是必须完成之外），而是对经济社会的发展发挥方向性的引导作用，因此发展规划编制决策的共识并不是恒定不变，应随着国内外形势的复杂变化和国家提出的新政策新要求，相机决策、灵活调整发展规划内容以及实现规划目标的政策手段，稳步实现国家规划期内的战略目标。

---

① 胡鞍钢：《“十三五”大战略》，浙江人民出版社 2015 年版，第 3 页。

适时调规对文本质量有显著正向影响。20 世纪 60 年代以后，许多社会主义国家和资本主义国家开始了去计划化的浪潮[①]，原因是计划僵化[②]。发展规划是主观的而不是客观的，是政策而不是法律，因此必须不断优化更新、适时调整[③]，才能保证文本质量永远相对符合当下和未来趋势。发展规划需要根据国内外形势变化、国家政策取向变化、本地发展需要变化，结合中期评估结果对内容进行存量或者增量上的调整，才能随时保持规划的灵活适应性。例如，根据每年的国家政策、国内外形势变化，年度计划的宏观调控目标和主要任务也不会僵化，会进行相机决策、灵活调整[④]，五年下来大体能完成发展规划的目标任务就行。

（六）决策共识的重要性

根据前面数据分析结果，决策共识对规划实施绩效有显著正向影响。发展规划编制讲究技术合理与政治可行的统一，如果技术合理（即文本质量过关），但政治不可行（即没有达成决策共识，得不到上下认同），规划也无法实施。[⑤]

从主体分类来看，决策共识可以划分为政治共识、政策共识和社会共识。自上而下形成政治共识、政策共识和社会共识，有利于营造良好的规划实施氛围，进而提升规划实施绩效。从知识属性来看，发展规划属于知识型政策，达成的决策共识是清晰的（形成的规划方案是高质量的），且经过制度化流程和足够长的论证周期，达成的决策共识也是择优的。清晰、择优的决策共识有利于提高规划实施效率，进而提升规划实施绩效。

---

① 胡鞍钢：《国情报告》（第十七卷），党建读物出版社 2014 年版，第 444 页。

② 韩博天、奥利佛·麦尔敦：《规划：中国政策过程的核心机制》，《开放时代》2013 年第 6 期。

③ 引自 C 市发改委直属事业单位 C 市综合经济研究院某研究员的访谈记录。

④ 张康之、张乾友：《论共同行动的基础》，《南京农业大学学报》2011 年第 2 期。

⑤ 徐林：《规划编制程序和评估制度》，载杨伟民编《发展规划的理论和实践》，清华大学出版社 2010 年版，第 169 页。

1. 多主体的决策共识有利于营造良好的实施氛围提高规划实施绩效

顾基发从社会科学角度认为"'共识'就是政治实体对某一个议题表现出来的意见一致的状态"。① 从主体分类来看，发展规划决策过程中，共识是各方决策主体意见、诉求充分表达，并最终达成一致的状态。胡鞍钢、王绍光、鄢一龙等学者将发展规划编制参与主体分为三个层级：决策层、编制层和咨询层（见图4.11）。② 以国家层面为例，决策层是以政治局常委为核心的领导集体，包括党中央、国务院和全国人大。编制层主要是《建议》起草组和《纲要》编制组，发改委、地方和部门是主要主体。编制层包括地方（人大、政协）、智库专家、社会团体、社会公众等各方面。借鉴胡鞍钢的研究，本研究认为从主体来划分，发展规划决策共识包括党政和社会两大层面的共识③（见图4.12），其中，党政层面共识又包括以决策层为主体达成的政治共识，以及以编制层为主体达成的政策共识。具体来看：

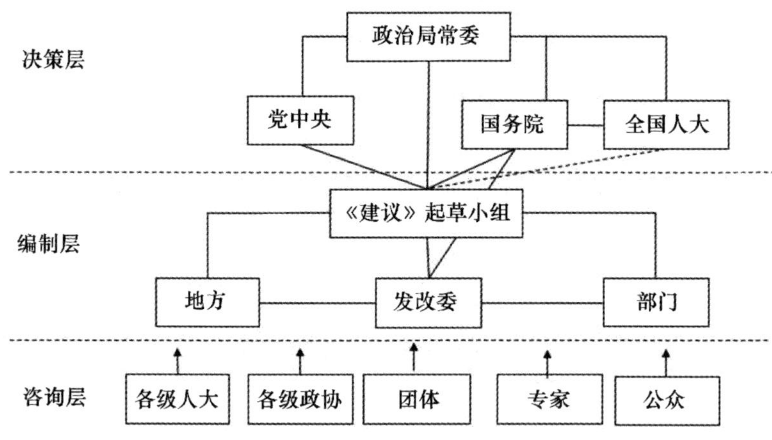

图4.11　发展规划编制参与各层级及主体

资料来源：借鉴胡鞍钢《五年规划方法论与"十三五"规划》的"五年规划政策圈"。

① 顾基发：《意见综合——怎样达成共识》，《系统工程学报》2001年第16（5）期。

② 胡鞍钢：《国情报告》（第十七卷），党建读物出版社2014年版，第450页。

③ 胡鞍钢：《国情报告》（第十七卷），党建读物出版社2014年版，第450页。

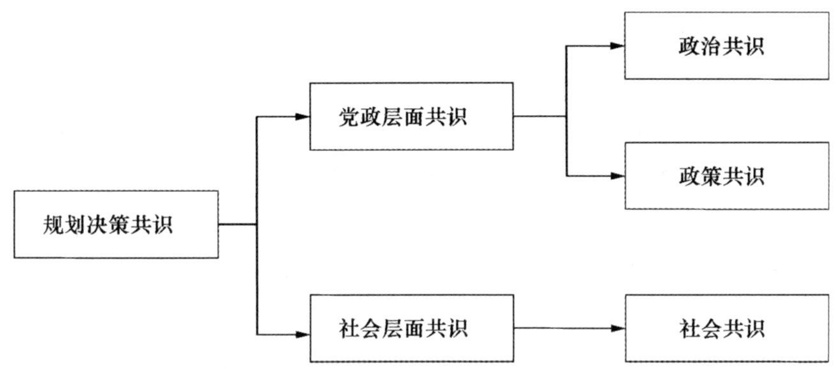

图4.12　基于主体分类对发展规划决策共识的分类

第一，政治共识，即以政治局常委为核心的领导人针对发展规划的基本思路是否符合中国特色社会主义的发展方向，是否体现人民群众最根本的价值诉求，是否符合本届领导集体的执政理念达成一致意见。比如“十一五”规划编制过程中，针对是否设立“污染物减排10%”的约束性指标，国家发改委和有关方面坚持不同的意见，最后国务院领导从对我国当时生态环保形势和人民群众对健康生活环境的需要等考虑，坚持在“十一五”规划中设立约束性指标①，成为有效进行环境治理的政策工具。以政治局常委为核心的决策层成员分管不同系统，存在信息知识的不完全性和权力的不对称性。决策层成员实行集体领导、平等决策、民主决策和科学决策，形成政治共识，不但能够预防重大决策失误，更重要的是发出“同一个声音”，维护政治局常委的团结和维护党中央的团结。② 第二，政策共识，即以中央财经工作领导小组和国家发改委为首的《建议》起草组、《纲要》编制组针对发展规划的思路、框架是否符合实际情况、是否能够指导未来五年发展，具体方案是否体现部委及地方的发展诉求等达成一致意见。比如发展规划编制过程中，发改委要和部门、

① 杨伟民：《起草文稿的“五要、五不要”》（https://edu.qq.com/a/20180710/017394.htm），2018年7月7日。

② 胡鞍钢：《中国集体领导体制》，中国人民大学出版社2013年版，第141页。

地方就规划的指标（尤其是约束性指标）、重大项目布局、政策手段协调等进行反复论证、衔接。发展规划编制完成，最终是将任务和指标分解到各个部委、各个地方，并对其进行考核。如果决策过程中，没有达成政策共识，各部委和各地方政府的执行意愿就大打折扣。第三，社会共识，即发展规划编制过程中是否体现社会各阶层的发展诉求。比如，“十二五”规划征求社会意见，群众反映最多的是关于基本保障房问题，“十二五”规划中，不仅增加了3600套保障房，成为“十二五”规划的24项核心指标之一，提高住房保障水平也专门成为一章内容（第35章）。[①] 人民群众是我们的执政基础，如果不能达成发展规划决策的社会共识，就无法体现执政党“执政为民”“执政为公”的理念，就会缺乏执政的合法性基础。

综上，发展规划编制决策过程中，只有达成决策层的政治共识、编制层的政策共识和咨询层的社会共识，才能避免重大决策失误、团结领导班子，反映部门和地方发展诉求，反映人民群众的基本诉求，才能制定出高质量的发展规划，得到部门及地方坚决贯彻执行，群众的合法性基础才会更强，最终提升规划实施绩效。

2. 清晰且择优的决策共识有利于提高实施效率和规划实施绩效

张康之和张乾友认为，共识的达成至少需要经过相互承认、反复沟通与理性取舍三个环节，如某个环节缺失，共识无法达成，或形成“伪共识”[②]。本研究认为，应该从不同的政策类型来看，知识型政策和利益型政策达成的共识是有本质区别的，达成共识的过程也是不同的。陈玲[③]研究中国集成电路产业政策认为，中国政策决策是过程导向而不是目标导向，即转型期中国政策决策虽然以共识为核心，但为了达成最大范围的共识，会一定程度牺牲政策的理性和清晰。王绍光、樊鹏研究中国的

---

① 胡鞍钢：《国情报告》（第十七卷），党建读物出版社2014年版，第452页。

② 张康之、张乾友：《论共同行动的基础》，《南京农业大学学报》2011年第2期。

③ 陈玲：《制度、精英与共识：寻求中国政策过程的解释框架》，清华大学出版社2011年版，第146页。

医疗体制改革认为，为了取得总体政策框架的共识，也为了平衡各主体的利益，通过的政策是笼统的，达成的共识是模糊的（很多遗留问题需要进一步磋商解决）。[①] 本研究认为，陈玲、王绍光、樊鹏等学者提出的共识是“模糊”“折衷”的，而发展规划的共识是“清晰”“择优”的。具体理由如下：

第一，发展规划属于知识型政策，决策过程的知识分歧有利于达成清晰的共识。

从知识属性角度看[②]，发展规划是指导地区长远发展，带有思想性、战略性、方向性的公共政策，此类政策是运用整体知识来制定。整体知识是关于不同地区经济社会整体状况和长远状况的知识。[③] 整体知识可以划分为事实性知识和观点性知识（见图4.13）。因此，从知识属性角度划分，发展规划决策共识可以分为事实性知识共识和观点性知识共识。其一，事实性知识共识，即关于过去和现在客观性事实的知识的共识，具体细分为经济社会发展情况的描述性知识（如“十三五”时期的发展情况）、存在问题的诊断性知识（如“十三五”发展存在的问题）、机遇和挑战的分析性知识（如“十四五”时期将面临的机遇和挑战）等方面的共识。达成事实性知识共识，即经过多次的调研、座谈会等，就“十三五”时期的发展情况、存在问题和“十四五”时期面临的机遇和挑战等形成一致意见，有利于全面掌握各领域的真实情况和各方面的发展诉求，并在此基础上提出科学的发展思路。比如2008年国际金融危机情况下，中央领导同志深入全国各地进行调研，了解金融危机波及的地区主要是沿海地区，影响的企业首先是外向型企业，并具体掌握了代表企业遇到的实际困难，为之后制定

① 王绍光、樊鹏：《中国式共识型决策：“开门”与“磨合”》，中国人民大学出版社2013年版，第205—206页。

② 关于知识属性的内容，引自作者前期研究成果，参见陈升、刘泽、杨永恒等《基层知识型公共政策决策机制理论建构——基于B县“十三五”规划编制的案例研究》，《公共管理学报》2018年第3期。

③ 鄢一龙：《目标治理：看得见的五年规划之手》，中国人民大学出版社2013年版，第57页。

的一揽子计划打下坚实基础。[①] 其二，观点性知识共识，即关于未来发展的主观性知识的共识，细分为未来趋势的预测性知识、未来发展思路的战略性知识（如“十四五”时期的发展主线、发展定位、发展目标等）等方面的共识。只有党政主要领导、财经口、发改口、各部门领导人、地方领导人、规划专家等，经过“民主、集中；再民主、再集中”的螺旋式反复[②]，对未来发展的思路、战略、目标等进行多次讨论、比较、论证，达成相对准确的共识（相对准确的意思指的是，达成共识的内容比较能反映过去、现在的客观情况和未来的发展趋势），才能制定出符合未来趋势的发展规划，指导未来 5—10 年的科学发展。

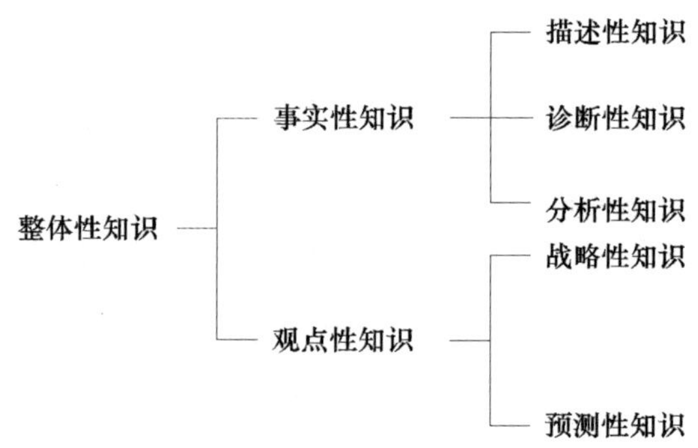

图 4.13　整体知识的分类

科学掌握一个地区经济社会发展情况的描述性知识、存在问题的诊断性知识和机遇挑战的分析性知识等已经不容易，而要掌握发展主线、发展定位、发展指标等战略性知识和预测性知识就更加难。很难一开始就能制定出科学管用的纲领性文件。因此在知识型政策决策过程中，不管是达成相对准确的事实性知识共识还是观点性知识共识，不是靠简单表示赞同，

① 《温家宝总理接受新华社记者赵承专访》（http://www.xinhuanet.com/xhwzb20091227.htm），2009 年 12 月 27 日。

② 王绍光、鄢一龙：《中国民主决策模式：以五年规划制定为例》，《马克思主义研究论库》第一辑，中国人民大学出版社 2015 年版，第 52 页。

而是依靠分歧。

规划政策草案征求意见过程中，可能会形成大大小小的分歧。而分歧推动相对准确共识的达成主要通过两种方式（见图4.14）：其一，分歧推动相关部门开展调研，包括实地走访、学习资料等。如果是细微分歧则进行小规模调研，如果是重大分歧则进行大规模调研。其二，分歧推动相关部门开展讨论。如果是细微分歧则进行小范围讨论，如果是重大分歧则进行大范围甚至高层面讨论。总之，分歧能促进决策参与者通过调研、讨论等形式对问题进行更深层次的思考、学习。①

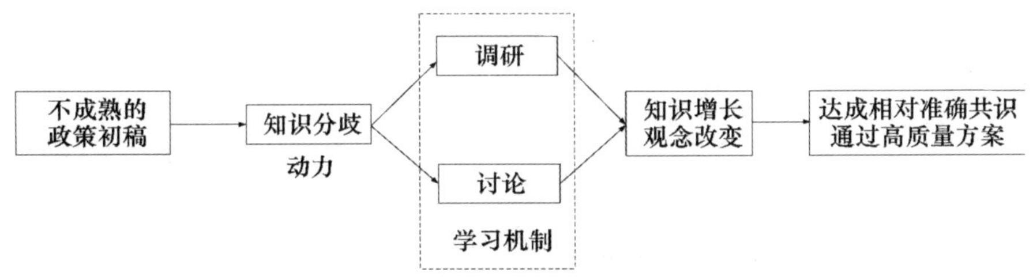

图4.14 知识型政策共识达成动力机制

而与发展规划这一知识型政策相反，陈玲提出的“模糊共识型决策”和王绍光提出的“共识型决策”研究的对象是电子产业、医疗改革等利益型政策，涉及包括公私医疗机构、医护人员、保险业、医疗器械企业、药品批发零售业等大量的利益群体，各个主体的利益取向不同，共识达成的动力是妥协，只有相互间妥协利益才能推进政策决策进程。因此为了能够通过政策方案，各利益主体寻求利益平衡，最终通过的政策是笼统的，达成的共识是模糊的（模糊的意思指的是，很多遗留问题需要进一步磋商解决）。例如王绍光、樊鹏《中国式共识型决策：“开门”与“磨合”》中的例子：“关于改革

① Maaleveld M., Dabgbgnon C., “Managing Natoral Resources: A Social Learning Perspective”, *Agriculture and Human*, 1999, 16 (3): 267-280. Johnson N., Ravnborg H. M., Werstermann O., et al., “User Participation in Watershed Management and Research”, *Water Policy*, 2001, 3 (6): 507-520.

后公立医院的比重以及管理体制，卫生部、发改委、财政部各自思路冲突较大无法协调，只能是同意在医改真正启动后再逐渐完善。尽管各方都知道，后期配套文件出台难度更大，矛盾更加尖锐，但是从政策制定层面来看这次医改政策制定是总体框架设计，关键是明确方向，突出当前重点，只有这样，改革才能向前推进。”① 这一点类似于薛澜和赵静提出的“决策删减—执行协商”的决策特征。② 如果因为利益争执不下无法达成共识，那么就只能等待下一次政策窗口的打开（见图 4. 15）。

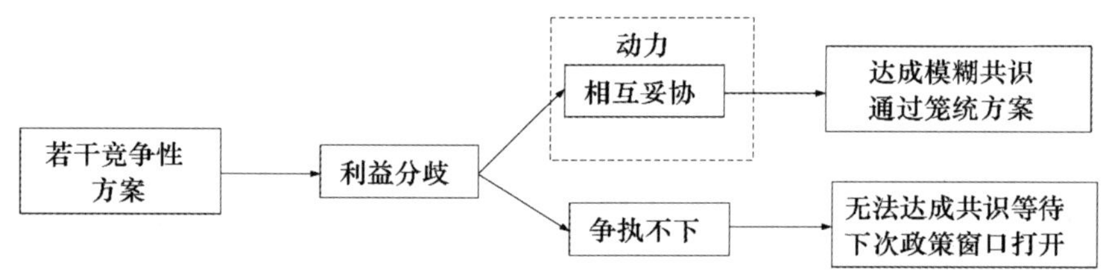

图 4. 15　利益型政策共识达成动力机制

虽然在发展规划编制过程中，也会涉及利益关切，但相关的利益关切反而会促进形成更清晰的共识：一是个人发展利益。长期的跟踪调研发现，在有主要领导主持参与的征求意见会上，与会人员提出意见的数量和深度都比没有主要领导参与的征求意见会更多更深。这是因为主要领导掌握着人事任免权和推荐权，与会人员都想在核心领导面前展示自己的能力。涉及的个人发展利益反而会促进各个部门、各个地方的负责人积极参与规划编制，提出有建设性的意见和建议。二是部门及地方发展利益。一方面，各部门及各地方政府都想争取将项目列入上级或国家发展规划的盘子，以获得更多的发展资源；另一方面，各部门和各地方都想分解到本部

① 王绍光、樊鹏：《中国式共识型决策：“开门”与“磨合”》，中国人民大学出版社 2013 年版，第 205—206 页。

② 薛澜、赵静：《转型期公共政策过程的适应性改革及局限》，《中国社会科学》2017 年第 9 期。

门、本地方的约束性指标保守一些。涉及的部门及地方发展利益不是部门之间或地方之间的“零和博弈”，而是部门、地方与上级政府的“非零和博弈”。而且各部门、各地方为了能够完成分解的约束性指标，反而会和上级政府就约束性指标的设定反复论证、衔接，更有利于达成清晰的共识。

相反，陈玲、王绍光、樊鹏等学者的研究对象——电子产业、医疗改革政策，属于具体的产业政策，需要制定详细的细则，才能落实执行。这就决定了制定过程中会面临许多利益争论点。这些利益争论点具备以下几个特征：其一，不是增量利益的“非零和博弈”，而是存量利益的“零和博弈”。比如医疗改革中，卫生部关注的重点是基本医疗提供，劳动和社会保障部关注的是建立全面医保体系、加大大病投入，财政部认为当前的医疗体制投多少钱也无法解决问题，对医疗改革投入持保留态度；[①] 其二，涉及的利益是直接的、显性的、物质的、主体确定的利益。比如赵静案例中的煤炭产业政策，涉及的利益是当地政府近期的财税收入。产业政策涉及短期可见并与众多主体直接相关的利益，因此容易被强势利益集团绑架决策。当然，不排除该类政策的分歧也会包括知识分歧，但是对各位决策者而言排在首位的还是利益分歧。

第二，制度化编制程序和足够的论证周期，有利于发展规划决策达成择优的共识。形成了制度化的编制程序意味着已经积累了足够的决策经验和决策知识。没有制度化的编制程序，甚至政策议程都不固定，极有可能说明该项决策面临的是新课题（新问题），用以完成该决策的知识和经验不足，甚至是不具备（尤其是一些应急决策）。我国已经制定了13个五年规划（计划），从“七五”计划开始，编制程序、编制时间、机构职能安排都逐步规范化，发展规划的共识质量越来越高。以规划性质为例，改革开放前的五年计划属于指令型计划，设置几十种实物量指标，指标制定并没有任何共识可

① 陈玲、赵静、薛澜：《择优还是折衷？——转型期中国政策过程的一个解释框架和共识决策模型》，《管理世界》2010年第8期。

言，大部分属于“跟风”。改革开放后，“七五”计划开始改变过去计划以实物量指标为主的做法，形成反映宏观经济总量、稳定的指标，到“十五”计划开始实物指标全部取消。但“十五”计划开始设置了节能减排指标，但因为不是约束性指标，所以后来根本没完成，离期望值差距非常大。[①] 鉴于“十五”计划的经验教训，“十一五”规划创新性地提出约束性指标和预期性指标，进一步厘清政府和市场各自的功能，通过约束性指标发挥政府的公共服务职能，通过预期性指标给市场主体发送信号，让市场主体将资源配置到国家发展所希望的战略方向和领域。如果说通过每个五年，中国的经济社会发展呈现“台阶”式的进步，那么因为有制度化的编制程序，相关的决策知识和经验不断积累，发展规划的编制质量和共识也呈现“台阶”式的进步，导致更好地开展行动。而集成电路、医疗改革等政策的制定因为没有制度化的决策程序、固定的政策议程，缺乏相关决策经验、知识的积累，导致在决策过程中极可能出现“折衷”的共识。而且，因为缺乏固定的议程，中途可能因为领导人注意力发生转移或者找不到解决方案，导致决策搁置。医疗改革过程中，由于2008 年的汶川大地震、南方冰雪灾害、北京奥运会等重大事件的发生，导致医疗改革决策陷入停滞。[②]

足够的论证周期。时间化的情境中作出的决策自然而然会受到时间的影响。[③] 足够的论证周期能够使决策者最大程度精准确认社会问题并且获取相关知识、信息，选择决策方案时能够集思广益、协商讨论。[④]如果缺乏足够的论证周期，政策决策更多地依赖决策者的直觉和经验，使他们对问题的紧迫程度进行客观分析时会根据先例采用渐进决策的方法，或者启动

① 《杨伟民披露“主体功能区规划”背后利益之争》（https://finance.sina.com.cn/manage/crz/2018-09-18/doc-ihkhfqns3469049.shtml），2018 年 9 月 18 日。

② 陈玲、赵静、薛澜：《择优还是折衷？——转型期中国政策过程的一个解释框架和共识决策模型》，《管理世界》2010 年第 8 期。

③ 师容：《注意力、时间和知识：我国政府决策的核心影响因素研究》，博士学位论文，东北大学，2015 年。

④ ［美］詹姆斯·W. 费斯勒、唐纳德·F. 凯特尔：《公共行政学新论——行政过程的政治》，陈振明、朱芳芳等译，中国人民大学出版社 2013 年版，第 212 页。

应急预案进行危机决策。[①] 本研究认为，果断决策是必要的，但是足够的论证周期是保证规划决策科学化的重要保证。特别地，发展规划属于我国的常规性政策，发展规划的决策几乎不需要顶着机遇稍纵即逝的压力而出台的情形。实际上，自从“十一五”规划首次增加中期评估程序，发展规划编制时长已经达到2.5年左右，有利于科学化决策，达成“择优”的共识。而当前很多其他政策的决策基于论证周期不足，只能形成“折衷”或“次优”的共识。比如我国大部分文件在制定过程中由于认知上或者部门利益的不同会形成不一样的看法，但是迫于文件出台时限要求，会把分歧拿掉，而分歧恰恰是改革需要推动的重点和难点。[②]

第三，清晰且择优的决策共识有利于提高规划实施效率。虽然发展规划只是为经济社会方方面面的发展提供框架，但是因为清晰的决策共识和高质量的规划文本方案，会避免在执行过程中由于利益的纠纷出现“执行协商”的低效率现象。另外，规划编制过程，决策者、编制层和咨询层相互之间多次互动、深入讨论，形成的择优的共识是入脑入心的，共识就会成为地方和部门的自觉行动。如果在规划编制过程中，没有多层次多主体多轮回的讨论、征求意见，即使规划的质量再好，地方和部门也不会按照规划实施。[③] 李善同讲过，“发展规划就像过年的饺子，往往包饺子的过程比吃饺子更重要”。[④] 鄢一龙在调研时，国家发改委规划司负责人表示“规划的实施机制就是各个地方、各个部门的自觉行动，通过日常的政策制定和工作推动实现规划目标”[⑤]，而“自觉行动”就是“规划编制形成的清

---

① 师容：《注意力、时间和知识：我国政府决策的核心影响因素研究》，博士学位论文，东北大学，2015年。

② 徐忠：《推动经济转型和高质量发展的关键在于建立规则明确、透明、市场化、法治化的高水平的市场经济体系》（http://finance.sina.com.cn/china/gncj/2019-02-17/doc-ihqfskcp6075868.shtml），2019年2月17日。

③ 徐林：《中国规划体系及其编制方法的改进和思考》（https://finance.sina.com.cn/roll/20151014/214723475756.shtml），2015年10月14日。

④ 李善同：《我国发展规划评估的理论与方法》，2018年10月19日。

⑤ 鄢一龙：《改革开放与中国五年规划体制转型》（http://www.iccs.tsinghua.edu.cn/NewsSt/603.html），2018年11月20日。

晰、择优的共识”。中国具有集中力量办大事的制度优势，会调动各地资源帮助落后地区实现战略目标。比如扶贫攻坚实现全面建成小康社会，全国东西部扶贫协作和对口支援工作对包括深度贫困地区进行资源调配，最终都会帮助完成扶贫攻坚任务。因此决策共识的本质是，只要是各主体认定发展规划的战略方向和战略目标，就会集众智集众力达成规划目标。

（七）文本质量的重要性

根据前面数据分析结果，文本质量对规划实施绩效有显著正向影响。从政策体系来看，高质量的发展规划有利于自上而下制定科学的具体政策。通过每一个科学的具体政策目标的完成，才能自下而上高质量完成规划目标。从治理体系来看，高质量的发展规划通过激发政府、市场和社会等多元主体的作用助推实现规划目标。

1. 高质量的发展规划有利于制定科学的具体政策支撑规划目标完成

陈振明[①]在《公共政策分析》一书中指出，我国的政策自上而下分别是总政策、基本政策和具体政策（见图 4.16）。总政策指导国家和地区发展的总体方向；基本政策是总体政策在某个区域、某个领域的进一步落实；具体政策是为落实基本政策而制定的意见、方案或细则。

发展规划是中国政府最重要、最具有代表性的总体政策之一。[②] 党的十九大报告首次提出要“创新和完善宏观调控，发挥国家发展规划的战略导向作用”，专门出台了《中共中央国务院关于统一规划体系更好发挥国家发展规划战略导向作用的意见》（中发〔2018〕44 号）（以下简称《意见》），对发展规划的定位做了进一步阐述：“社会主义现代化战略在规划期内的阶段性部署和安排”“经济社会发展的宏伟蓝图”“全国各族人民共同的行动纲领”“政府履行经济调节、市场监管、社会管理、公共服务、

① 陈振明：《公共政策分析》，中国人民大学出版社 2002 年版，第 21 页。

② 王绍光、鄢一龙、胡鞍钢：《中国中央政府“集思广益型”决策模式——国家“十二五”规划的出台》，《中国软科学》2014 年第 6 期。

生态环境保护职能的重要依据”。《意见》对规划体系进一步理顺，强调“国家发展规划居于规划体系最上位，是其他各级各类规划的总遵循”“国家级专项规划是指导特定领域发展、布局重大工程项目、合理配置公共资源、引导社会资本投向、制定相关政策的重要依据”“国家级区域规划是指导特定区域发展和制定相关政策的重要依据”。

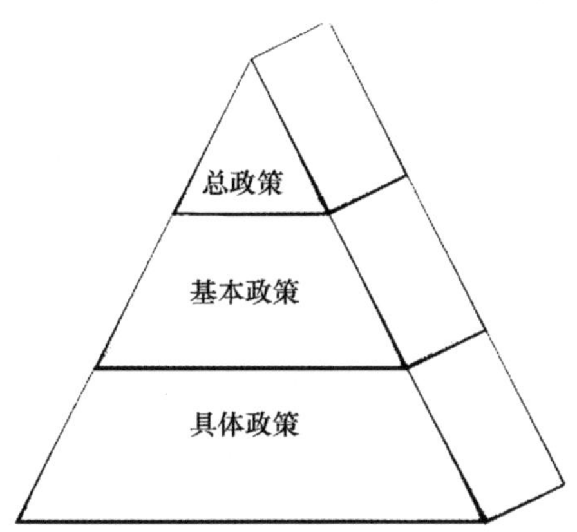

图 4.16　不同政策间关系

从逻辑上来看，发展规划是专项规划和区域规划的总遵循，而专项规划和区域规划是制定相关政策的重要依据。在中国政治运作过程中，发展规划是确定政策优先顺序的推动力，是政策调整的界限，同时是授予机构权力的依据，是决定各级政府之间权力分配的关键。[①] 通过各种专项规划、区域规划，以及后续的《决定》《意见》《方案》《细则》等形成以发展规划为核心的自上而下、层层叠叠的政策网络。[②] 习近平总书记指出：“规划

① 韩博天、奥利佛·麦尔敦：《规划：中国政策过程的核心机制》，《开放时代》2013 年第 6 期。

② Bryson J. M., *Strategic Planning for Public and Nonprofit Organizations: A Guide to Strengthening and Sustaining Organizational Achievement*, San Fransisco, CA: Jossey-Bass, 1988.

科学是最大的效益，规划失误是最大的浪费，规划折腾是最大的忌讳。”①因此，编制出来的五年规划必须是科学、管用、高质量的，才能发挥对国家发展的战略导向作用，编制出切合实际的专项规划、区域规划，制定出正确又接地气的具体政策细则。

具体政策只有科学又接地气才能利于其具体目标的完成。而只有通过自下而上每一个具体政策目标的完成才能推动专项规划、区域规划等目标的完成。只有通过每一个科学的专项规划、区域规划目标的完成才能推动最终发展规划目标的完成（见图 4. 17）。

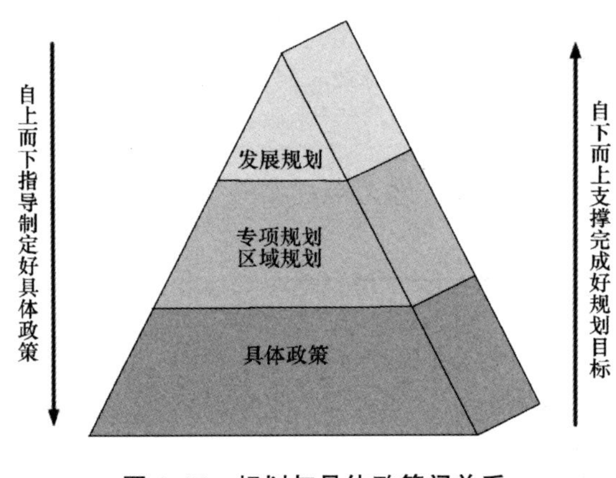

图 4. 17　规划与具体政策间关系

2. 高质量的发展规划有利于发挥多元主体的作用助推规划目标完成

国家“十三五”发展规划纲要明确提出，规划“主要阐明国家战略意图，明确经济社会发展宏伟目标、主要任务和重大举措，是市场主体的行为导向，是政府履行职责的重要依据，是全国各族人民的共同愿景”。第一，发展规划规定了政府提供公共服务和公共产品的数量和质量。发展规划明确政府创新服务方式，合理均衡配置公共资源，提供公共服务和公共

① 《干在实处　勇立潮头——习近平浙江足迹》，人民出版社、浙江人民出版社 2022 年版，第 102 页。

产品的数量及质量。比如，“十三五”规划指出，“规划是政府履行职责的重要依据”，“就业、教育、文化体育、社保、医疗、住房等公共服务体系更加健全，基本公共服务均等化水平稳步提高”，“我国现行标准下农村贫困人口实现脱贫，贫困县全部摘帽，解决区域性整体贫困”，并设定了“劳动年龄人口平均受教育年限”、“农村贫困人口脱贫”、“城镇棚户区住房改造”、森林发展、空气质量、地表水质量和主要污染物排放总量减少等约束性指标。第二，发展规划为市场主体配置资源实现经济发展相关目标提供预期导向。一是对市场主体发展进行引导。发展规划明确经济发展的速度、结构、质量。比如，“十三五”规划指出，“经济保持中高速增长……产业迈向中高端水平……农业现代化进展明显……服务业比重进一步提高”，并设定了 GDP、服务业增加值比重等相关指标。这为市场主体提供了宏观信号、整体预期，引导市场主体向国家希望发展的目标和方向看齐。规划还通过配置各种资源，使用综合手段，引导市场主体形成合力。规划力量越强大，市场主体合力越大。① 二是限定市场主体发展的“天花板”。发展规划通过设定耕地、能源排放强度、二氧化碳排放强度、污染物减排等约束性指标，确定市场主体发展的约束条件。第三，发展规划为社会主体参与规划实施提供途径和依据。以社会治理为例，“十三五”规划明确要求，要“实现政府治理和社会调节、居民自治良性互动”，“建立社区、社会组织、社会工作者联动机制”，“完善公众参与治理的制度化渠道”，等等。

高质量的规划有利于发挥政府、市场和社会多元主体的作用助推规划目标的完成。秦德君认为，政策质量越高，运行和交易成本就越低，公共管理和执政绩效就越高。第一，高质量的规划有好的发展理念和发展思路引导政府、市场和社会等主体的行为。一是好的发展理念和思路可以引导、号召和说服政府官员真正去贯彻实施，尤其是对为人民服务偏好更强

① 俞可平：《再说民主》，《领导文萃》2009 年第 12 期。

的官员而言更是如此。[①] 比如“十三五”规划提出的“创新、协调、绿色、开放、共享”五大发展理念，是习近平总书记在总结国内外发展经验教训，把握未来发展大势基础上提出的，符合国家发展利益和人民发展利益，得到各地官员的自觉践行。二是只要发展理念和思路是对的，能够引导市场主体围绕国家未来五年的战略目标进行市场经济活动。在保证满足就业需求的前提下，哪怕经济增长稍微慢点，久久为功，一定能够取得非凡的成绩。[②] 三是好的发展理念和思路会得到人民群众的自觉拥护，更利于发展规划的实行。第二，高质量的规划指标和任务是清晰的、可分解的，对政府、市场和社会等主体进行明确的引导和约束。清晰的可分解的指标和任务对政府、市场和社会主体形成导向清晰、责任明确的引导机制与约束机制。从评估结果来看，不论是约束性指标还是预期性指标，凡是定量指标完成情况都显著好于非定量指标。从历次五年计划的比较来看，发展规划主要指标完成情况不断显著提高，一个重要原因是越来越多的指标进行了定量化，而且明确规定在中期评估时要向人大报告，这形成了明确的约束与导向机制。[③] 在对 C 市“十三五”规划中期评估时发现，“产业结构调整投资占全社会固定资产投资比重”这一指标没有对“产业结构调整投资”进行清晰的界定导致无法进行分解、统计、考核；“互联网普及率”这一指标没有清晰指明是“固定宽带用户普及率”还是“移动宽带用户普及率”，导致无法准确考核评估。[④] 第三，高质量规划有完善的保障措施，助推政府、市场和社会等主体完成相应目标。财政、金融、价格、产业、土地和环保等政策，与规划相协调，能够助推规划较好的完成。在对 C 市“十二五”规划中期第三方评估调研时发现，政策体系不完善、政策连贯性不够、政策联系不及时不紧密、相关配套政策扶持不足等都影响

---

① 《西安市阎良区发展改革和经济局关于“十三五”规划纲要实施情况的中期评估报告》(http://www.yanliang.gov.cn/xxgk/ggjg/fzgg/121157.html)，2018 年 10 月 30 日。

② 与 C 市发改委原规划处处长的访谈记录。

③ 胡鞍钢、王亚华、鄢一龙：《国家“十一五”规划纲要实施中期评估（总报告）》，《国情报告》（第十一卷上），2008 年。

④ 引自对 C 市“十三五”规划中期第三方评估课题组的访谈记录。

了规划的实施绩效。[1] 第四，高质量的规划有项目作为支撑助推政府、市场和社会等主体完成相应目标。好的规划归根结底是要落到项目上，只有规划项目化、项目清单化，规划才能真正落到实处。以 C 市为例，C 市“十三五”策划了包括产业结构、基础设施、房地产在内的项目（见表 4.18）。其中，“五通”“八联”“三保障”等基础设施投资项目，政府亲自抓；产业结构调整投资等项目，政府主要是引领方向，靠市场主体来推动。通过项目落实，目标更清晰化，任务更具体化，规划更利于完成。

表 4.18　　　　C 市“十三五”规划纲要重大项目储备情况

重点领域	建设内容	“十三五”投资（亿元）	储备重大项目投资（亿元）
产业结构调整投资	实施十大战略性新兴产业和六大支柱产业工程以及农林水利、商贸物流、旅游等生产发展项目	45000	30000
基础设施投资	实施“五通”（铁路、高速公路、水运、航空、信息及口岸）、“八联”（城市轨道、市内铁路、通用机场、城市通道、普通公路物流体系、电源及输电网、油气管网）、“三保障”（水资源、环境资源、生态资源工程）	22500	18000
房地产开发及其他房屋投资	围绕主要商务集聚区等重点开发区域，合理有序推进房地产健康发展（各类住房、商业地产、旅游地产及农户建房等房屋建设）	22500	12000

资料来源：C 市发改委原规划处处长的授课 PPT。

① 重庆大学课题组：《重庆“十二五”规划纲要实施中期评估报告》，2015 年。

第五章

主要结论、对策建议与后续研究

一　主要结论

新中国成立以来，我国已经编制了14个五年规划（计划），而且规划编制决策投入了巨大的时间、财力和人力成本。从时间成本来看，规划编制是从上一个发展规划中期评估开始，包括前期研究、编制草案、规划衔接、广泛听取意见，批准，公开发布等，整个编制过程历时两年半，几乎是实施时间的一半；从财力成本来看，据调研，在“十二五”规划时期，某S省省会城市仅规划编制的前期研究经费这一项就高达1000万元以上，到现在编制“十四五”规划的财力成本就更高了；从人力成本来看，发展规划的编制过程是世界上最大规模人员参与的政策民主化过程之一①，涉及决策层、编制层和咨询层。从国家层面来看，决策层包括党中央、国务院和全国人大。编制层，主要是中央财经工作领导小组，在中央政治局领导下，负责起草中央关于五年规划的建议；国家发改委，负责起草五年规划文本。咨询层，主要涉及地方、专家、社会公众等各方面。②

花费如此巨大的成本编制发展规划，我们需要从学术角度解释清楚发展规划内在的决策机制的独特性和优越性。本研究致力于从规划实施绩效的视角构建发展规划决策机制的理论模型，并用数据验证相关假设，得出

① 王绍光、鄢一龙：《中国民主决策模式：以五年规划制定为例》，《马克思主义研究论库》第一辑，中国人民大学出版社2015年版。

② 胡鞍钢：《国情报告》（第十七卷），党建读物出版社2014年版，第450页。

以下结论。

结论一：与一般公共政策不同，发展规划决策机制除了决策方式（民主化、科学化、法治化）之外，还包括调整方式（衔接协调和适时调规）。

各级政府对于公共政策决策要求是“民主化、科学化和法治化”。但是对于发展规划编制决策而言，是否仅仅做到民主化、科学化和法治化就足够了呢？我们的数据分析结果表明，发展规划决策除了需要做到民主化、科学化和法治化之外，还需要做到衔接协调和适时调规。而且，数据表明衔接协调和适时调规对于发展规划决策而言比民主化、科学化和法治化更为重要。从对文本质量和决策共识的影响来看，衔接协调对文本质量和决策共识均有正向显著作用，影响系数分别为 0.291 和 0.318。适时调规对文本质量和决策共识均有正向显著作用，影响系数分别为 0.150 和 0.158。民主化只是对决策共识产有生显著正向影响，影响系数为 0.208。科学化和法治化均只对文本质量有显著正向影响，影响系数分别为 0.343 和 0.167。

事实上，“政策科学”从美国政治科学家拉斯韦尔 1950 年的专著《权力与社会：政治研究的框架》首次提出到现在，已经成为一个比较成熟的学科，也形成了许多成熟的政策过程理论。① 本研究尝试对相关的政策过程理论进行梳理，试图找到能够体现发展规划决策本质的理论基础。阶段论理论、制度主义理论、团体理论、精英理论等②理论分别将解释政策决策的重点分别放在阶段过程、制度和决策主体，

① 陈振明：《政策科学：一个全新的跨学科：应用性的研究领域》，《思想理论教育导刊》1996 年第 3 期。

② 阶段论理论。阶段论理论最早由拉斯韦尔提出。拉斯韦尔认为政策决策的过程分为七个阶段：情报、建议、规定、行使、应用、终结和评价，之后概括为“创议、估计、选择、执行、评估和终结”六阶段说（Lasswell H. D.，Lerner Daniel.，*The Policy Sciences*，*Recent Developments in Scope and Method*，Stanford，California University Press，1959）。阶段论的提出，为我们解构、认识、分析政策决策过程具有重要作用。关于发展规划决策过程研究，王绍光、鄢一龙（王绍光、鄢一龙：《中国民主决策模式：以五年规划制定为例》，《马克思主义研究论库》第一辑，中国人民大学出版社 2015 年版）提出了“集思广益”解释模型，认为规划决策过程包括“屈群策、集众思、广纳言、合议决、告四方”五个环节，这本质上和阶段论理论相符。但“集思广益” （转下页）

并没有体现中国发展规划决策的本质。虽然理性决策理论、有限理性决策理论和渐进主义决策理论对于中国发展规划决策的适用性也存在诸多

（接上页）解释模型对发展规划决策机制的解释存在两个不足：一是没有解释为什么要通过这五个环节来编制规划；二是把规划决策的复杂过程简单化了，既没有囊括规划间衔接协调和中期评估调整这两大步骤，也忽略规划决策各个阶段交错反复的可能。

制度主义理论。20 世纪 70 年代奥斯特罗姆等人提出制度主义理论，认为政策是制度的输出，受规则、事物和世界的自然属性、社会文化特征三个方面因素的作用（［美］埃莉诺·斯图克斯·贝瑞、威廉·D. 贝瑞：《政策研究中的创新和传播模型》，载［美］保罗·萨巴蒂尔《政策过程理论》，生活·读书·新知三联书店 2004 年版）。但陈玲认为制度主义理论本质涉及的是某个国家或地区长时间区间内的静态因素，并不是一种政策过程的研究框架（陈玲：《制度、精英与共识：寻求中国政策过程的解释框架》，清华大学出版社 2011 年版）。本研究认为，制度主义理论对于不同国家的政策决策的区别具有显著解释力，比如为何中国决策机制稳健高效，而美国决策却举步维艰、四处掣肘。但是，制度主义理论对一个国家或地区范围内不同政策的决策机制的区别没有显著解释力。因为单个国家或地区范围的制度是没有显著性差异的，无法解释发展规划与其他政策（如产业政策）决策过程的区别，更无法解释发展规划决策机制的“黑箱”。本研究认为比较一个国家或地区范围内不同政策的决策机制的区别，操作层面的因素更有解释力。

团体理论。团体理论是 Bebtley、Bailey、Truman 等学者提出的，核心观点认为政策是由不同利益取向的集团互相作用并最终妥协的结果（Bebtley A. F.，“The Process of Government：A Study of Social Pressures”，*American Political Science Association*，1950，44（3）：742. Bailey Stephen，Samuel Huward D.，*Congress at Work*，New York：Holt，1952. Truman D. B.，“The Governmental Process：Political Interests and Public Opinion”，*The Western Political Quarterly*，1951，4（4）.）。而利益集团的成员数量、财力、权力、凝聚力等直接影响了利益集团的力量大小，进而打破利益团体之间的平衡，改变政策方向。20 世纪 60 年代，团体理论由 Lampton 引入中国，并发展成为“官僚多元主义”理论解释当时的中国决策体制（Lampton D. M.，*Health，Conflict，and the Chinese Political System*，Center for Chinese Studies，University of Michigan，1974：78. Lampton D. M.，*The Politics of Medicine in China：The Policy Process*，1949－1977，Boulder，Colorado：Westview Press，1977）。改革开放后，中国重新恢复了政治上的民主集中制，而且我国的利益集团形态尚不成熟（朱旭峰：《中国思想库政策过程中的影响力研究》，清华大学出版社 2009 年版），因此，团体理论对于中国政策决策（包括发展规划决策机制）没有解释力。

精英理论。精英理论核心观点认为政策反映的是精英的价值、利益和偏好，而非公众的需求。在精英理论基础上，Robert 提出多元精英理论，认为除了政治精英之外，经济精英和社会精英对政策决策产生的作用日益提升（Robert Dahl Alan，*Who Governs? Democracy and Power in an American City*，New Haven：Yale University Press，1961）。客观来说，精英理论的核心观点中关于精英对公共政策的重要性是符合我国实际的。我国历来有崇尚精英强人的社会文化，而且我国的政治精英都是从基层历练起来的，具备强大的决策能力和丰富的决策经验。但精英理论中认为只关心精英阶层的价值、利益偏好而非公众的需求是不符合中国政策决策实际的。我们党的执政理念是“为人民服务”，政策的制定也是为了解决公众的需求，而且我国的公共政策制定对公众参与的包容性日益提高，这对于发展规划编制决策更是如此。因此，本研究认为精英理论无益于真正打开中国公共政策（包括发展规划）决策黑箱。

缺陷。[①] 但是考虑到以下三个方面的原因，本研究认为理性决策理论和有限理性决策理论的“理性”二字能够解释我国发展规划决策的本质[②]：第一，从决策目的来看，发展规划追求的是“理性”。编制的发展规划必须是科学管用的，能够形成正确的指导未来五年发展的目标、方针、战略、任务等，通过一个又一个五年规划逐步实现建设社会主义现代化强国目标。第二，从决策主体动员来看，发展规划追求的是“理性”。个体的理性是有限的，能够掌握、处理的知识、信息也是有限的，因此发展规划决策通过制度设计，让党委、政府、人大、政协、各部门、各地方、智库专

① 理性决策、有限理性和渐进主义决策理论。理性决策理论是泰勒提出的，核心观点认为基于经济人假设的决策主体能够时时明确决策的目标，掌握所有的信息，并具备足够的资源，知道何种决策能够最大化利益或者效果（［美］泰勒：《课程与教学的基本原理》，施良方译，人民教育出版社 1994 年版）。理性决策理论有两点不足：一是没有说明到底如何进行理性的决策；二是经济人的假设显然不符合实际情况。随后两种理论作出了修正，一种是渐进主义决策理论，另一种是有限理性理论。渐进主义决策理论核心观点是，政策决策过程只是决策者基于过去的经验对已有政策进行稍加修改（［美］查尔斯·林德布洛姆：《决策过程》，上海译文出版社 1988 年版）。实际上，查尔斯·林德布洛姆认为渐进主义决策理论有两个重要前提：一是西方推行的渐进政治，政党或领袖都是提出渐进的政策主张；二是决策者无法掌握足够的时间、信息来重新制定新的政策。在中国，也有渐进决策的情况，但前提是这个政策被实践证明是正确的，符合民心和未来发展趋势的。每五年的国内外形势、环境、机遇、挑战等都发生巨大变化，作为一个国家和地区未来五年发展的蓝图，发展规划不可能简单地基于渐进主义的方法进行决策。赫伯特·A. 西蒙提出的有限理性决策理论的核心观点是，现实中的决策既不是像经济学所强调的理性，也不是社会学和心理学等学科强调的不重视理性的作用，而是强调有限理性（Simon H. A., *Administrative Behavior*, Simon and Schuster, 1997: 87, 122. 李文钊：《推理的力量：政策过程的理性选择理论》，《党政研究》2018 年第 4 期）。该理论认为人是无法掌握全部的知识和信息，无法做到完全的价值中立，无法预知未来所有的可能性变化，等等，因此追求的是“满意”决策，而非“最优”的决策。但，有限理性理论的另一个观点认为，决策过程如果达到最初设立的“满意”的标准，即会停止努力寻求更好的方案，或者如果努力过后仍然无法达到最初设立的“满意”的标准，决策者会降低期望标准（李文钊：《推理的力量：政策过程的理性选择理论》，《党政研究》2018 年第 4 期）。这显然不符合中国发展规划决策实际。中国发展规划在两年半的时间里，经过无数人无数次的讨论，直到提交人大审议时，还要根据代表们的意见和建议进行修改，就是为了尽可能追求最广泛的决策共识和“最优”的文本质量。

② 本研究认为我国发展规划决策机制理性内涵和相关内容是对理性决策和有限理性两个理论的结合和修正：发展规划决策理性的出发点是“有限理性”，即各决策主体拥有的时间、精力、信息、知识是有限的，但决策过程中既不仅仅追求“满意”决策，更不会降低期望标准，而是通过理性的决策机制设计，作出现有既定条件下“最理性”的决策。

家、社会团体组织、离退休老干部、社会公众等无数个主体参与其中，共享知识和信息，集中集体的智慧。第三，从编制时间和决策程序安排来看，发展规划追求的是“理性”。经过不断完善，发展规划编制时长约两年半，包括中期评估、基本思路研究、《建议》起草和《纲要》编制四个阶段，细分为中期评估、前期调研、形成《基本思路》、《建议》起草、《建议》通过、《纲要（草案)》起草、公众建言献策、衔接论证、广泛征求内外部意见、《纲要》审批及发布等十个步骤。足够的编制时间和严密的决策程序，都是为了最大程度避免决策失误，保证发展规划决策理性。

本研究认为，中国发展规划决策机制的逻辑起点是“理性”。起初，理性主义者所说的理性主义代表的仅仅是工具理性，但工具理性分析模型却无法解释甚至误导公共管理实践。① 马克斯·韦伯将理性分为工具理性和价值理性。但一直以来，工具理性和价值理性一直处于断裂的状态。王春福认为二者处于断裂状态，是因为缺少行为理性的黏合。② 工具理性倾向于公共政策决策过程要实现科学化、合理化，价值理性倾向于公共政策决策过程中要实现民主化、合法化。行为理性倾向于如何做才能把事物本来面目变为理想状态。本研究认为，王春福所说的理性应该包括价值理性、工具理性和行为理性，行为理性能够黏合价值理性和工具理性，存在两个不足：其一，价值理性——民主化当然是现代社会公民意识不断增强后所必需的，但其本身不是最终的目的，最终的目的是制定的政策得有效果，能够促进经济社会发展和人民群众生活水平的提高。工具理性也是同样的道理。所以，价值理性（民主化)、工具理性（科学化）都只是一种手段，而不是最终目的。其二，行为理性是一个虚无的概念，只是告知了要行动，却没有告知应该如何具体作为。因此，有必要结合中国发展规划对理性进行深入分析、拆解。

早在20世纪初，格迪斯就提出“规划是一个过程”的理念，包括调查、

① 王春福：《有限理性利益人与公共政策》，中国社会科学出版社2008年版，第4—5页。

② 王春福：《有限理性利益人与公共政策》，中国社会科学出版社2008年版，第11页。

分析和规划三个步骤。[①] 但实际上，规划过程远比格迪斯提出的“调查、分析和规划”复杂，并不是一个单一的确定性过程，而是一个极具复杂性的系统过程。这种复杂性体现在：（1）规划过程涉及众多的主体；（2）规划的内容包罗万象，体量庞大，需要不断获取大量的信息、方法进行辅助决策；（3）规划虽然编制过程很长，但是后期仍然需要监测、反馈和修订；（4）规划过程中存在多个体系，各个体系并行运作并产生复杂交叠的规划目标；（5）针对规划目标制定详细的政策、意见和方案；等等。因此，本研究认为，民主化、科学化、法治化、衔接协调和适时调规能够对发展规划决策机制进行良好的解构，而且分别对应价值理性、工具理性、程序理性、整体理性和动态理性，构成完整的理性，缺一不可。五个理性关系如下：

价值理性，即要体现参与主体的价值诉求，对于发展规划编制决策而言要注重民主化。工具理性，即实现各主体价值追求的方式方法，对于发展规划编制决策而言关键要做到科学化。价值理性（民主化）和工具理性（科学化）的关系是：从制定规划来看，价值理性（民主化）是实现工具理性（科学化）的前提，工具理性（科学化）是价值理性（民主化）的目的；从规划的实施目的来看，工具理性（科学化）是实现价值理性（民主化）各主体诉求的基础，价值理性（民主化）是工具理性（科学化）的目的。程序理性，即决策过程中要遵循规定的步骤和程序等，发展规划是我国最重要的公共政策之一，关键是要做到法治化。程序理性（法治化）是价值理性（民主化）、工具理性（科学化）、整体理性（衔接协调）和动态理性（适时调规）的重要保障。整体理性，即决策过程中要从整体的视角把握决策理性，对于发展规划而言，其本身处于严密复杂的规划体系之中，因此尤其要注重规划之间的衔接协调。前面所说的工具理性、价值理性和程序理性均是针对单个规划而言，我们称之为“个体理性”。“个体理性”和“整体理性”的辩证关系是，只有实现“个体理性”，“整体

① Geddes P., *Cities in Evolution: An Introduction to the Town-planning Movement and the Study of Cities*, London, UK: Williams and Norgate, 1915.

理性”才有基础；只有注重“整体理性”，“个体理性”才有价值，也才能实现。动态理性，即决策过程中要基于条件因素的变化实现决策的动态理性。对于发展规划而言，其编制和实施周期较长，要注重适时调规。前面所说的工具理性、价值理性、程序理性和整体理性均是针对发展规划编制这一时间区间而言，属于“静态理性”。但是发展规划的实施期限是5年，规划实施过程所处的环境总在不断变化并难以预测①，因此必须相机决策、适时调整，实现“动态理性”。价值理性（民主化）、工具理性（科学化）、程序理性（法治化）、整体理性（衔接协调）和动态理性（适时调规）的完整的内在逻辑关系见图5.1。

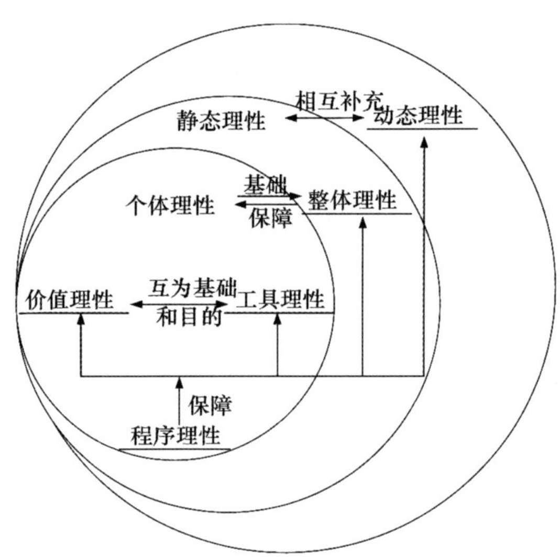

图5.1　价值理性、工具理性、程序理性、整体理性和动态理性的关系

结论二：相对于决策方式（民主化、科学化、法治化），调整方式（衔接协调和适时调规）对规划实施绩效更重要。

从对规划实施绩效的影响来看，衔接协调和适时调规对规划实施绩效

① 王申成、常中青：《决策也要法制化》，《理论界》1998年第3期。

的总体效应分别排第一（0.167）和第三（0.084），第二是科学化（0.087），第四是民主化（0.061），第五是法治化（0.042）。[①] 因此，这正好证明了发展规划跟一般的公共政策不同，发展规划编制决策尤其要注重“整体理性（衔接协调）”和“动态理性（适时调规）”。这合理地解释了为何从“十一五”规划开始，国家相继出台了《国务院关于加强国民经济和社会发展规划编制工作的若干意见》（国发〔2005〕33号）和《关于统一规划体系更好发挥国家发展规划战略导向作用的意见》（中发〔2018〕44号）文件，依次提出“三级三类”规划体系和“三级四类”规划体系，并明确规划编制要注重规划之间的衔接协调。即将出台的发展规划法，更是要真正发挥发展规划对空间、专项、区域规划的统领作用，实现“更好发挥国家发展规划战略导向作用”的重要目标。同时，也是从“十一五”规划开始，国家对“依据中期评估的结果进行调整修订”做了明确具体的规定。

具体来看，衔接协调不但对文本质量和决策共识均产生显著正向影响，而且对规划实施绩效的总体效应排第一（0.167），这证明了衔接协调是形成规划合力的核心关键。[②] 各层级、各领域的规划共同构成三级四类的规划体系，强调“整体理性”，上下级规划进行衔接，才能自上而下贯彻发展理念、发展思路，自下而上反映民众和地方的发展诉求；同级规划进行协调，才能避免发展任务、主要指标、政策手段效力的冲突，形成规划合力。适时调规对文本质量和决策共识均产生显著正向影响，而且对规划实施绩效的总体效应排第三（0.084），仅比科学化的总体效应低0.003。发展规划指导未来5—10年的发展，强调“动态理性”，根据日益复杂多

---

① “价值理性（民主化）”对规划实施绩效的总体效应是0.061（0.208 * 0.291 = 0.061）；“工具理性（科学化）”对规划实施绩效的总体效应是0.087（0.343 * 0.253 = 0.087）；“程序理性（法治化）”对规划实施绩效的总体效应是0.042（0.167 * 0.253 = 0.042）；“整体理性（衔接协调）”对规划实施绩效的总体效应是0.167（0.291 * 0.253 + 0.318 * 0.291 = 0.167）；“动态理性（动态调整）”对规划实施绩效的总体效应是0.084（0.150 * 0.253 + 0.158 * 0.291 = 0.084）。

② 何文盛、何志才、唐序康等：《“一事一议”财政奖补政策绩效偏差及影响因素——基于甘肃省10个县（区）的质化研究》，《公共管理学报》2018年第15（2）期。

变的国内外形势、规划中期评估结果和各部门（地方）的需求，结合中期评估结果对要调整的内容（包括指标）进行科学论证，确保文本质量符合新的形势，以及确保决策共识符合上下共同的期待。

结论三：民主化、科学化、法治化、衔接协调和适时调规的作用机制有明显差异。

第一，民主化机制。发展规划编制决策主要通过座谈会、书面征求等形式民主征求同级部门、下级地方、社会公众、人大政协等主体的意见和建议，限于主体多、时间短、形式单一等因素，各主体只是提出粗浅零散的浅层次意见或发展诉求，因此民主化机制只对决策共识而非文本质量有显著正向影响。第二，科学化机制。由于对发展思路、发展定位、核心指标等核心要素深入论证需要掌握本地区、其他地区甚至国家层面的知识信息，且具备开阔视野和丰富决策经验的决策者参与，这一类决策者主要集中在党政一把手、分管发改委（局）领导和发改委（局）核心成员。而这类决策者规模小、级别高，主要代表整体利益而非部门（地方）利益和诉求，因此，科学化机制总体是对文本质量而非决策共识有显著正向影响。第三，法治化机制。法治化涉及起草、衔接、论证、审批、发布等程序。起草程序分为前期研究、建议起草、纲要编制三大阶段，保证发展规划从雏形到成熟到细化。衔接程序确保规划体系的整体质量，形成规划合力；论证程序进一步提高核心指标、重大项目的科学性。但因为无法确切保证每个程序中参与征求意见的各部门（地方）的覆盖面、参与意愿以及诉求吸纳情况，因此法治化机制对文本质量而非决策共识有显著正向影响。第四，衔接协调机制。衔接协调的过程，就是自上而下贯彻发展理念、发展思路，自下而上反映民众和地方的发展诉求，以及平级之间相互协调的过程，因此衔接协调机制适时调规既利于提高文本质量，也利于达成决策共识。第五，适时调规机制。适时调规的过程，就是根据新形势、新要求，根据各部门（地方）的需求，结合中期评估结果对要调整的内容（包括指标）进行科学论证，因此适时调规机制既利于提高文本质量，也利于达成决策共识。

结论四：决策共识和文本质量是发展规划决策机制影响实施绩效的重要中介变量。

文本质量与决策共识既有联系也有区别。二者的联系使发展规划编制的过程既要追求“高质量规划文本”，也要达成“广泛的决策共识”。文本质量和决策共识就像是硬币的两面，不断对规划文稿讨论、论证，追求文本质量的过程，也是不断表达诉求、表明立场，追求决策共识的过程。二者的区别是，文本质量不能等同于决策共识。文本质量的高低表明规划文本可以实施的程度，决策共识的“真伪”“高低”表明地方和部门愿意执行规划文本的意愿程度。

国家发改委规划司相关领导曾经说过：“规划编制的程序和理性重于结果。规划编制过程是一个形成共识的过程，如果程序的安排合理，对编制规划未来五年甚至十年发展的政策问题，有非常广泛深刻的讨论，一旦形成共识，规划有没有都不重要。因为大家已经对这些问题形成了共识，就会按照这个方向去做。如果缺乏广泛深入研讨，缺乏上下左右的互动，就会难以形成共识，规划即便是出来了，也没有人按方向和目标去做。”[①] 这些话有两层含义：第一层是文本质量重要，决策共识更重要；第二层是达成了决策共识，文本质量就没有那么重要了。本研究的数据分析结果表明，决策共识对规划实施绩效的影响系数为 0.291，文本质量对“规划实施绩效”的影响系数为 0.253，决策共识对规划实施绩效的影响系数比文本质量高，这证实了上述含义的第一层意思，但数据也表明即便达成决策共识之后，文本质量依然对完成规划的目标任务非常重要。

从决策过程来看，发展规划决策过程中既要追求广泛的决策共识，也要追求良好的文本质量。从主体分类来看，决策共识可以分为党政层面共识和社会层面共识，其中，党政层面共识又分为决策层之间的政治

① 徐林：《规划编制程序和评估制度》，载杨伟民编《发展规划的理论和实践》，清华大学出版社 2010 年版，第 167—168 页。

共识和编制层之间的政策共识。发展规划属于带有思想性、战略性、方向性的知识型政策，需要运用整体性知识来制定。整体性知识包括事实性知识和观点性知识，因此，从知识属性来看，决策共识可分为事实性知识和观点性知识共识。从共识本质来看，由于发展规划属于知识型政策，产生的主要是知识分歧而非利益分歧，因此可以达成“清晰”共识；由于有制度化的编制程序和足够的论证周期，因此利于达成“择优”共识。但是，决策共识不等于文本质量。决策共识的“真伪”“高低”表明各地方（部门）愿意执行规划的意愿程度，文本质量的“高低”表明规划的可实施程度。实际上，从在国家政策体系的地位来看，发展规划是专项、区域及空间规划，以及具体政策的总遵循；从在国家治理体系的地位来看，发展规划是中国最重要的治理手段和工具之一，因此发展规划决策必须追求高质量。

实际上，笔者在问卷最后设置了一道主观题“您对编制实施‘十四五’规划的建议”，共 33 名调研对象进行了回答。本研究运用 NVivo10 软件对主观回答进行辅助编码和分析。参考何文盛等的做法，先是对主观回答逐字逐句进行编码归类，形成某个子节点。① 如果一句话中包含若干节点，则进行分别标记归类，如果出现不确定属于哪一类节点则暂时标记为自由节点。如果材料同时分属不同节点，则同时归类到不同节点下。具体来看，先是通过开放式编码从主观资料中获取 51 条原始信息，然后通过主轴式编码归纳出 14 个主范畴。②

通过 NVivo10 软件对主范畴进行频率统计发现（见图 5.2），调研对象认为重要的依次是科学化（在主观材料中占比 25.81%）、文本质量（占比 12.46%）、衔接协调（占比 6.53%）、法治化（占比 4.91%）、适时调规

① 何文盛、何志才、唐序康等：《“一事一议”财政奖补政策绩效偏差及影响因素——基于甘肃省 10 个县（区）的质化研究》，《公共管理学报》2018 年第 15（2）期。

② 由于该部分主要是对主观回答材料进行归类、定量统计分析，因此不需要进行选择性编码。

（占比4.07%）、民主化（占比3.77%）、决策共识（占比0.84%）。[①] 从直接证据看，以上排名表明，大家对于如何编制“十四五”规划更关注的是文本质量，而非决策共识。从间接证据看，上文数据已经验证，科学化、法治化均只对文本质量产生显著正向影响，衔接协调和适时调规对文本质量也产生显著正向影响，因此这也进一步证明大家更关注的是文本质量。这虽然说明了文本质量的重要性，但大家的主观回答是否表明决策共识不重要了呢？答案显然不是，决策共识和文本质量对规划实施绩效均非常重要，忽视任何一个，规划实施绩效都会降低（见图5.3）。因为大家在回答“如何编制‘十四五’规划”的建议时，是从能否制定出既接地气又能前瞻性指导地方未来五年发展的发展规划的角度出发，因此文本质量的高

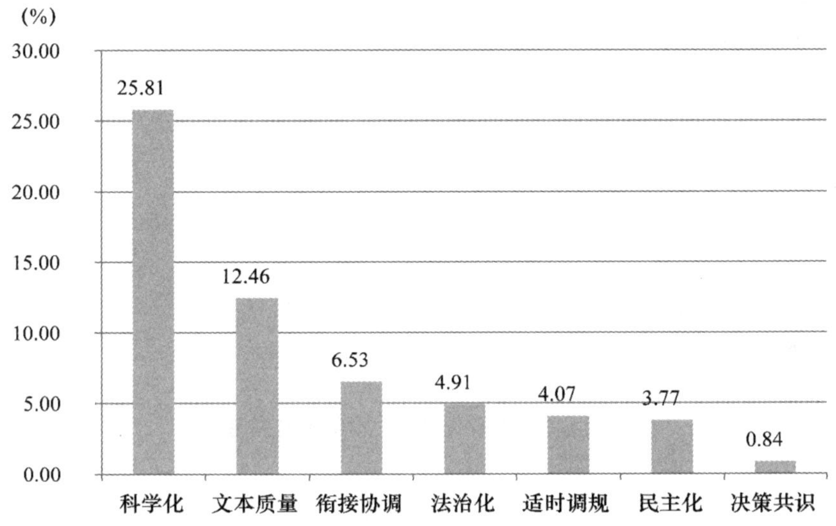

图5.2 受访者关于“十四五”规划编制的意见倾向

① 所有比例相加不等于100%，是因为部分材料无法归到特定节点，属于自由节点，比如“成立专门机构，认真编制，而不是为完成任务，委托第三方，应付了事”，“充分整合产业发展，强化产业上下游连接”，“强化县（市、区）级业务干部的培训培养，使其成为国家战略的参与者和政策指导、引导的贡献者”，“还建议组织地方主要领导参与，这样重视程序和资源保障才更好发挥；地方规划地方主要领导要高度重视，没有领导的高度参与，地方规划难以保证质量，也缺少可执行性”，“建议国家、省、市发改部门牵头组织到发达地区实地调研学习”。

低与否就显得尤其重要。但本研究理论模型是以规划实施绩效为视角来研究发展规划决策机制，文本质量表明规划文本的可实施程度，决策共识表明地方部门愿意执行规划文本的意愿程度。只有达成高度的决策共识，愿意执行规划文本，才能更好完成规划目标任务，否则再好的文本质量也是空谈。因此，本研究数据分析结果显示，决策共识对规划实施绩效的显著性影响稍大于文本质量。但是，不管是本研究理论模型的数据分析结果，还是调研对象主观回答的材料分析结果，二者均表明文本质量非常重要，不能够忽视。

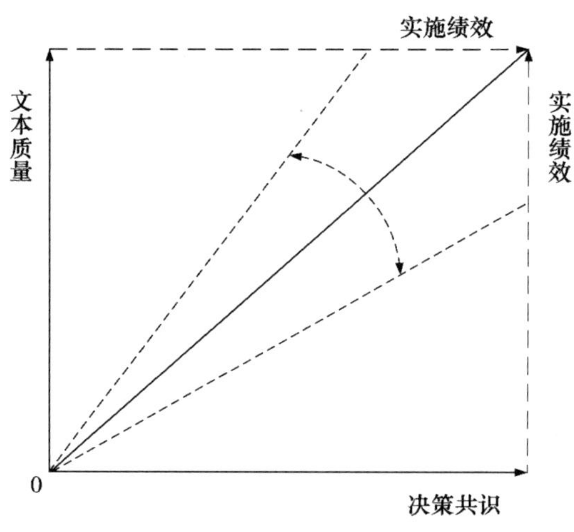

图 5.3　决策共识和文本质量的关系

二　对策建议

党的二十大报告提出要“发挥发展规划的战略导向性作用”，根据长期的调研认知和上文的研究结论，提出以下两个方面的对策建议。

建议一：不断完善民主化、科学化、法治化、衔接协调和适时调规机制。民主化方面，完善民主征求意见的形式、主题和参会主体等，不断提高征求意见的效率及效果。针对“民主化对文本质量没有产生显著影响”

的定量分析结论和原因分析，建议针对发展规划不同内容专题分别召开不同形式、不同内容的民主征求意见座谈会，并邀请涉及的相关单位（部门）参会；建议会前要将征求意见的文本下发各相关单位及部门（涉及保密的除外），而不能临时通知；会中给各主体充足的发言时间，便于大家针对特定主题集思广益、充分论证，提出有针对性的措施；会后让相关单位及部门反馈有一把手签字的完整的书面意见或建议。科学化方面，一是要充分重视调查研究，避免闭门造车，脱离实际。领导同志要带头充分调研，不断扩大和提升调查研究的广度和深度，尤其是多到实地调研，多采纳基层意见建议。针对发展后劲不足区域，应进一步加大调查研究，针对性提出解决方案，实现科学发展。二是要成立专门机构认真编制规划，对于基层尤其如此，不能为了完成任务，简单委托给第三方，当“甩手掌柜”应付了事。强化县（市、区）级业务干部的培训培养，使其成为地方战略的参与者和政策指导、引导的贡献者。三是善于借助外部力量。需要引进高校力量，共同完成规划。面向社会各界，广泛公开征集发展思路和意见建议，对提出科学合理且有重要价值的意见建议，要通过官方形式予以表扬通报。借助本土优势，更多地吸纳本地专家意见建议。四是要充分论证目标任务的可行性。要强化规划前期论证，强化区域发展重大支撑项目的研究，充分考虑发展区域空间布局和定位，提出投资与产业发展导向，实现精准定位。同时，进一步加大重大项目和政策规划的透明度，引导各行各业准确把握政策，精准投资建设项目支撑国民经济和社会快速发展。法治化方面，针对“法治化对决策共识没有产生显著影响”的定量分析结论和原因分析，建议：一是宏观上要树立经济社会发展规划的权威性，尽早出台发展规划法，要严格相关程序，严格对相关主体意见和建议的吸纳；二是微观上要把尽早下达编制实施发展规划指导性意见通知，提前布置；三是主要领导要高度重视，没有领导的高度参与，程序和资金保障难以保证，规划质量难以保证。衔接协调方面，一是宏观上要不断加强其他规划与发展规划的衔接协调，尤其制定年度工作计划时，要加强与发展规划目标任务的衔接；二是微观上要强化部门单位参与规划编制人员更换后对相关工作的及时交接，避免导致工作思路调整未能及时沟通。适时调规方面，应更多关注大的经济环境和政策，若因国际环境或国内发展导向需调整的，应及时将相关政策宣传至下级政府和相关部门，形成一条线的纵向合作配合。

建议二：高度重视编制决策过程形成良好的决策共识和文本质量。决策共识方面，第一，发展规划作为典型的知识型政策，在其决策过程中，要将知识分歧看成是达成相对准确的共识的机会，而不是害怕分歧。要建立容错机制，鼓励更多的主体参与其中并提出更多的知识分歧。同时要建立完善的纠偏机制，不管提出建议的是非领导岗位的政策参与者还是核心领导岗位的决策者，决策层都要坚持民主集中原则进行审议把关，预防决策失误。[①] 第二，发展规划的决策过程中，要注重安排、鼓励政策参与者到发达地区和同等发展水平地区观摩学习，掌握其他地区事实性知识；到有关科研院所进行相关理论、知识的学习。此外，要注重抽调掌握整体事实性知识和具备丰富任职经历的人员组成精干型的起草组，这样更容易提出既接地气又符合未来发展趋势的发展思路。[②] 文本质量方面，一是总体上要实事求是、纲举目张，既要有前瞻性，有作为指南的导向来领导各方，又要简明科学，接地气、可操作，对于基层地方的发展规划更要强调这一点；二是指标体系设计要科学，发展指标和约束指标要协调合理，要从客观实际出发针对自身的情况制定发展规划的指标，不能简单使用目标倒推的方法制定各种指标，避免提过高的不切实际的指标；三是发展规划的具体建设项目要务实有效，切实可行，有可操作性，忌空谈误国；四是增加规划文本的条理性、明确性和可读性，在规划纲要出台时，要向社会发布简明的图解版本，便于社会公众阅读、传播。

---

① 陈升、刘泽、杨永恒等：《基层知识型公共政策决策机制理论建构——基于 B 县“十三五”规划编制的案例研究》，《公共管理学报》2018 年第 3 期。

② 陈升、刘泽、杨永恒等：《基层知识型公共政策决策机制理论建构——基于 B 县“十三五”规划编制的案例研究》，《公共管理学报》2018 年第 3 期。

三　后续研究方向和努力

限于相关研究基础的缺乏，以及作者研究能力的不足，本研究依然存在不少问题，也是下一步深化研究的方向：

深化核心理论模型。本研究的核心理论模型只是初步的，民主化、科学化、法治化、衔接协调和适时调规属于非人格化的因素，下一步可以把人格化因素，诸如组织化特征、人格化特征等因素变量考虑进来。同时，继续探索除了决策共识和文本质量之外的中介变量，以此丰富理论模型。

继续丰富研究内容。归纳和演绎共同构成研究的“科学轮”循环。后续，可以以某个或多个地区的发展规划编制决策为样本，进行更多的案例研究，深入分析其内在决策机制，通过多案例对比丰富理论模型。然后通过问卷调研等方式检验理论、修正理论。

规范实证研究设计。由于相关研究匮乏，理论基础欠缺，没有相关成熟量表，本研究相关变量的概念化、操作化等可能还不够规范。下一步，可以继续深化研究，严格问卷调研程序，与更多富有规划编制决策经验的官员和学者探讨，加强问卷信效度的进一步检验，逐步修正完善实证研究设计。

扩大研究对象范围。本研究调研对象比较小众，而且级别层级和敏感度均较高，因此要短时间内进行广泛接触的可能性不大。以后随着研究的深入，人脉的拓宽，抓住机会开展面向更多地区、更高级别、更广人群的调研，不断提高调研的科学性，确保研究结论的可靠性、稳健性。

附　录

发展规划编制实施调查问卷

编号＿＿＿＿

各有关单位：

您好！为客观评估总结“十三五”规划编制实施情况，指导“十四五”规划科学编制，特组织本次调研。鉴于贵单位是“十三五”规划编制的重要牵头、参与部门，特请给予大力支持。

该问卷匿名，且对答案信息保密，请您不要有顾虑，根据实际情况进行选择。问卷大约 6 分钟填写完成。对您的合作与支持表示衷心的感谢！

＊＊大学＊＊＊＊学院

二〇一九年五月十日

答题注意：

1. 本问卷所提到的“十三五”规划是指贵单位牵头（或参与）编制的五年规划；

2. 烦请客观、真实地在您认为符合实际情况的数字上打“√”或在＿＿＿＿中填写。

1	您所在省份	______（省/自治区/直辖市）______（城市）				
2	您当公务员有多长时间	______（年）				
3	您所在部门属于	1. 国家部门	2. 省级部门	3. 市级部门	4. 区县部门	5. 其他
4	您的职务是	1. 分管规划的委（局）领导	2. 委（局）规划部门负责人	3. 规划部门工作人员	4. 其他	
5	您的级别是	1. 省部级及以上	2. 厅局级	3. 县处级	4. 乡科级	
6	您参与编制过的规划数量（包括发展、专项、区域规划等）	1. 没参与过	2. 1—3 个	3. 3—5 个	4. 5—7 个	5. 7 个以上
7	“十三五”规划编制过程中，对同级部门的意见征求情况	1. 没有征求	2. 较少征求	3. 征求次数一般	4. 多次征求，但不够充分	5. 充分征求
8	“十三五”规划编制过程中，对下级地方的意见征求情况	1. 没有征求	2. 较少征求	3. 征求次数一般	4. 多次征求，但不够充分	5. 充分征求
9	“十三五”规划编制过程中，对社会公众的意见征求情况	1. 没有征求	2. 较少征求	3. 征求次数一般	4. 多次征求，但不够充分	5. 充分征求
10	“十三五”规划编制过程中，对人大政协的意见征求情况	1. 没有征求	2. 较少征求	3. 征求次数一般	4. 多次征求，但不够充分	5. 充分征求
11	“十三五”规划编制过程中，对以上主体意见的吸纳情况	1. 10%及以内	2. 10%—30%	3. 30%—50%	4. 50%—70%	5. 70%及以上
12	“十三五”规划编制过程中，各方面进行的前期研究情况	1. 不深入	2. 不太深入	3. 一般	4. 比较深入	5. 非常深入
13	“十三五”规划编制过程中，各方面对核心指标的论证情况	1. 不充分	2. 不太充分	3. 一般	4. 比较充分	5. 非常充分
14	“十三五”规划编制过程中，各方面对重大项目的论证情况	1. 不充分	2. 不太充分	3. 一般	4. 比较充分	5. 非常充分
15	为了科学编制“十三五”规划，采用多种方法对比研究论证	1. 不赞同	2. 不太赞同	3. 基本赞同	4. 完全赞同	5. 不好说

续表

16	“十三五”规划编制过程中，关于起草、衔接、论证、审批、发布等制度的建立情况	1. 没有建立	2. 建立了一些	3. 建立了一半	4. 建立了大半	5. 完全建立
17	“十三五”规划编制过程中，对以上编制程序的遵循情况	1. 没有遵循	2. 遵循了一些	3. 遵循了一半	4. 遵循了大半	5. 全部遵循
18	“十三五”规划编制过程中，同级人大的监督效果情况	1. 没有效果	2. 效果较差	3. 效果一般	4. 效果较好	5. 效果很好
19	下级的五年规划纲要与本级五年规划纲要的衔接情况	1. 没有衔接	2. 衔接了部分	3. 衔接了一半	4. 衔接了大半	5. 完全衔接
20	本区域的专项规划与本级五年规划纲要的衔接情况	1. 没有衔接	2. 衔接了部分	3. 衔接了一半	4. 衔接了大半	5. 完全衔接
21	本地官员通过上级视察、规划座谈会和书面征求意见等渠道提出利于本地区发展的建议情况	1. 从来没有	2. 偶尔提出	3. 有时提出	4. 经常提出	5. 不确定
22	本地官员通过人大或政协渠道向上级提出有利于本地区发展的议案的情况	1. 从来没有	2. 偶尔提出	3. 有时提出	4. 经常提出	5. 不确定
23	“十三五”规划纲要对发展环境进行了深入分析	1. 不赞同	2. 不太赞同	3. 基本赞同	4. 完全赞同	5. 不好说
24	“十三五”规划纲要的发展思路是可行的	1. 不赞同	2. 不太赞同	3. 基本赞同	4. 完全赞同	5. 不好说
25	“十三五”规划纲要核心指标执行时的可分解程度	1. 不高	2. 不太高	3. 一般	4. 比较高	5. 很高
26	“十三五”规划纲要建设任务的明确程度	1. 不明确	2. 不太明确	3. 一般	4. 比较明确	5. 很明确
27	“十三五”规划纲要提出的保障措施的有效程度	1. 没有效果	2. 不太有效	3. 一般	4. 比较有效	5. 很有效

续表

28	本级规划纲要有多少重大项目进入了上级政府和国家级规划	1. 没有	2. 有一两个	3. 几个	4. 多个	5. 很多个
29	上级政府和国家级规划中与本地直接相关的内容表述有多少	1. 没有	2. 有一两个	3. 几个	4. 多个	5. 很多个
30	"十三五"规划纲要最终确定的发展思路的共识情况	没有达成共识	达成部分共识	3. 达成多数共识	4. 达成一致共识	5. 不确定
31	"十三五"规划纲要最终确定的发展定位的共识情况	没有达成共识	达成部分共识	3. 达成多数共识	4. 达成一致共识	5. 不确定
32	"十三五"规划纲要最终确定的指标体系的共识情况	没有达成共识	达成部分共识	3. 达成多数共识	4. 达成一致共识	5. 不确定
33	"十三五"规划纲要体现了不同部门（地区）的诉求	1. 不赞同	2. 不太赞同	3. 基本赞同	4. 完全赞同	5. 不好说
34	年度计划和"十三五"规划纲要的目标任务结合紧密程度	1. 不紧密	2. 不太紧密	3. 一般	4. 比较紧密	5. 很紧密
35	"十三五"规划纲要内容会根据中期评估结果进行适时调整	1. 不赞同	2. 不太赞同	3. 基本赞同	4. 完全赞同	5. 不好说
36	"十三五"规划纲要内容会根据自身发展需要在中期评估时进行适时调整	1. 不赞同	2. 不太赞同	3. 基本赞同	4. 完全赞同	5. 不好说
37	"十三五"规划纲要内容会根据国家政策取向变化在中期评估时进行适时调整	1. 不赞同	2. 不太赞同	3. 基本赞同	4. 完全赞同	5. 不好说
38	"十三五"规划纲要内容会根据国际形势变化在中期评估时进行适时调整	1. 不赞同	2. 不太赞同	3. 基本赞同	4. 完全赞同	5. 不好说

续表

39	按照“时间过半，进度过半”的要求，“十三五”规划纲要中期评估时的总体完成情况	1. 毫无进展	2. 有进展，但远未达到进度	3. 基本达到进度	4. 达到进度	5. 超过进度
40	到目前为止，“十三五”规划纲要的发展任务总体完成情况	1. 完成一些	2. 完成一半	3. 完成大半	4. 全部完成	5. 超额完成
41	到目前为止，“十三五”规划纲要预期性指标总体完成情况	1. 完成一些	2. 完成一半	3. 完成大半	4. 全部完成	5. 超额完成
42	到目前为止，“十三五”规划纲要约束性指标总体完成情况	1. 完成一些	2. 完成一半	3. 完成大半	4. 全部完成	5. 超额完成
43	相比周边地区，上级部门对本地区的重视程度	1. 不重视	2. 不太重视	3. 重视	4. 很重视	5. 不确定
44	相比周边地区，本地区在区域发展战略地位的重要程度	1. 不重要	2. 不太重要	3. 重要	4. 很重要	5. 不确定
45	相比周边地区，本地区主要领导的资源动员能力	1. 不强	2. 不太强	3. 强	4. 很强	5. 不确定
46	五年规划指标完成情况会影响部门（地区）的奖励	1. 不赞同	2. 不太赞同	3. 基本赞同	4. 完全赞同	5. 不好说
47	五年规划指标完成情况会影响到部门地区是否被批评	1. 不赞同	2. 不太赞同	3. 基本赞同	4. 完全赞同	5. 不好说
48	五年规划指标完成情况会影响到干部综合考核分数	1. 不赞同	2. 不太赞同	3. 基本赞同	4. 完全赞同	5. 不好说
49	您对编制实施“十四五”规划的建议（非必答题）					

参考文献

一　中文著作

《毛泽东选集》第3卷，人民出版社1991年版。

《毛泽东文集》第7卷，人民出版社1999年版。

《陈云文选》第3卷，人民出版社2015年版。

薄一波：《若干重大决策与事件的回顾》（下卷），人民出版社1997年版。

曹文炼、张力炜：《共和国的脚步："一五"至"十五"计划编制与实施的历史回顾》，东方出版社2021年版。

陈东林等：《中华人民共和国实录》第二卷，吉林人民出版社1994年版。

陈玲：《制度、精英与共识：寻求中国政策过程的解释框架》，清华大学出版社2011年版。

陈庆云：《公共政策分析》，中国经济出版社1996年版。

陈晓萍、徐淑英、樊景立主编：《组织与管理研究的实证方法》，北京大学出版社2008年版。

陈振明：《公共政策分析》，中国人民大学出版社2002年版。

房维中：《李富春传》，中央文献出版社2001年版。

《房维中文集》，中国计划出版社2009年版。

顾丽梅：《公共政策与政府治理》，上海人民出版社2006年版。

胡鞍钢：《"十三五"大战略》，浙江人民出版社2015年版。

胡鞍钢：《国情报告》（第十七卷），党建读物出版社2014年版。

胡鞍钢：《中国集体领导体制》，中国人民大学出版社 2013 年版。

胡伟：《政府过程》，浙江人民出版社 1998 年版。

《李先念论财政金融贸易》，人民出版社 1992 年版。

刘国光：《中国十个五年计划研究报告》，人民出版社 2006 年版。

《马洪改革论集》，中国发展出版社 2008 年版。

马凯：《〈中华人民共和国国民经济和社会发展第十一个五年规划纲要〉辅导读本》，北京科学技术出版社 2006 年版。

全国人大财政经济委员会办公室、国家发展和改革委员会发展规划司：《建国以来国民经济和社会发展五年计划重要文件汇编》，中国民主法制出版社 2008 年版。

汝鹏：《科技专家与科技决策："863" 计划决策中的科技专家影响力》，清华大学出版社 2012 年版。

孙业礼、熊亮华：《陈云的非常之路》，人民出版社 2001 年版。

唐啸：《正式与非正式激励：中国环境政策执行机制研究》，中国社会科学出版社 2016 年版。

王春福：《有限理性利益人与公共政策》，中国社会科学出版社 2008 年版。

王光伟：《怀念周总理》，人民出版社 1986 年版。

王绍光、樊鹏：《中国式共识型决策："开门" 与 "磨合"》，中国人民大学出版社 2013 年版。

王绍光、鄢一龙：《中国民主决策模式：以五年规划制定为例》，《马克思主义研究论库》第一辑，中国人民大学出版社 2015 年版。

《魏礼群经济文选》，中国时代经济出版社 2011 年版。

相伟：《我国发展规划评估的理论与方法研究》，经济科学出版社 2012 年版。

徐湘林：《渐进政治改革中的政党、政府与社会》，中信出版社 2004 年版。

《薛暮桥回忆录》，天津人民出版社 2006 年版。

《薛暮桥文集》第 4 卷，中国金融出版社 2011 年版。

《薛暮桥文集》第 8 卷，中国金融出版社 2011 年版。

鄢一龙：《目标治理：看得见的五年规划之手》，中国人民大学出版社 2013 年版。

杨庆育等：《中国省级五年规划发展研究》，中国计划出版社 2019 年版。

杨伟民：《发展规划的理论和实践》，清华大学出版社 2010 年版。

杨伟民：《新中国发展规划 70 年》，人民出版社 2019 年版。

杨永恒、陈升：《现代治理视角下的发展规划——理论、实践和前瞻》，清华大学出版社 2019 年版。

尹家民：《红墙知情录一》，当代中国出版社 2010 年版。

《曾培炎论发展与改革》（上卷），人民出版社 2014 年版。

中国经济体制改革研究会编：《与改革同行》，社会科学文献出版社 2013 年版。

中国社会科学院、中央档案馆：《中华人民共和国经济档案选编（1953—1957）》，中国物价出版社 2000 年版。

《中华人民共和国国民经济和社会发展计划大事辑要》，红旗出版社 1985 年版。

中共中央文献研究室编：《邓小平思想年编：1975—1997》，中央文献出版社 2011 年版。

朱旭峰：《中国思想库政策过程中的影响力研究》，清华大学出版社 2009 年版。

二　中文译著

［美］艾尔·巴比：《社会研究方法》，邱泽奇译，华夏出版社 2012 年版。

［美］保罗·萨巴蒂尔：《政策过程理论》，生活·读书·新知三联书店 2004 年版。

［美］查尔斯·林德布洛姆：《决策过程》，上海译文出版社 1988 年版。

［美］戴维·伊斯顿：《政治生活的系统分析》，王浦劬译，华夏出版社 1999 年版。

［美］格雷厄姆·阿利森、菲利普·泽利科：《决策的本质：解释古巴导弹

危机》，北京大学出版社 2008 年版。

［美］赫伯特·A. 西蒙：《管理决策新科学》，李柱流等译，中国社会科学出版社 1982 年版。

［美］加布里埃尔·A. 阿尔蒙德、小 G. 宾厄姆·鲍威尔：《比较政治学——体系、过程和政策》，曹沛霖等译，东方出版社 2007 年版。

［美］乔万尼·萨托利：《民主新论》，冯克利、闫克文译，上海人民出版社 2009 年版。

［美］泰勒：《课程与教学的基本原理》，施良方译，人民教育出版社 1994 年版。

［美］詹姆斯·E. 安德森：《公共决策》，唐亮译，华夏出版社 1990 年版。

［美］阿尔蒙德、小鲍威尔主编：《当代比较政治学——世界展望》，商务印书馆 1993 年版。

［美］詹姆斯·W. 费斯勒、唐纳德·F. 凯特尔：《公共行政学新论——行政过程的政治》，陈振明、朱芳芳等译，中国人民大学出版社 2013 年版。

三　中文论文

柏必成：《改革开放以来我国住房政策变迁的动力分析——以多源流理论为视角》，《公共管理学报》2010 年第 4 期。

毕亮亮：《“多源流框架”对中国政策过程的解释力——以江浙跨行政区水污染防治合作的政策过程为例》，《公共管理学报》2007 年第 2 期。

陈东林：《从“吃穿用计划”到“战备计划”——“三五”计划指导思想的转变过程》，《当代中国史研究》1997 年第 2 期。

陈姣娥、王国华：《网络时代政策议程设置机制研究》，《中国行政管理》2013 年第 1 期。

陈玲、赵静、薛澜：《择优还是折衷？——转型期中国政策过程的一个解释框架和共识决策模型》，《管理世界》2010 年第 8 期。

陈升、郭金来、孟漫、何增华：《社会智库运行机制与影响力：国内四个案例的比较研究》,《情报杂志》2018 年第 37（9）期。

陈升、李兆洋、王英杰:《省级五年发展规划实施与绩效:“十二五”为例》,《科研管理》2019 年第 4 期。

陈升、刘泽、成佩姗等:《政府视角下省级五年规划编制科学水平对其实施绩效影响的实证研究——以重庆市“十二五”规划为例》,《电子科技大学学报》（社会科学版）2019 年第 4 期。

陈升、刘泽、杨永恒等:《基层知识型公共政策决策机制理论建构——基于 B 县“十三五”规划编制的案例研究》,《公共管理学报》2018 年第 3 期。

陈升、刘泽、杨永恒:《规划编制影响规划完成程度的定量分析》,《中国软科学》2019 年第 5 期。

陈振明:《政策科学:一个全新的跨学科:应用性的研究领域》,《思想理论教育导刊》1996 年第 3 期。

丁煌、定明捷:《“上有政策、下有对策”——案例分析与博弈启示》,《武汉大学学报》（哲学社会科学版）2004 年第 6 期。

丁煌:《听证制度:决策科学化和民主化的重要保证》,《政治学研究》1999 年第 1 期。

杜倩博:《大部制动态调整:大部门与分立机构的双向融合》,《理论与改革》2012 年第 5 期。

《二五（1958—1962）:大跃进大倒退》,《中国青年报》2006 年 3 月 20 日。

樊鹏:《从中美决策体制比较看中国制度优势》,《党建》2014 年第 8 期。

樊鹏:《“否决玩家”与香港政治体制的“碎片化”》,《文化纵横》2016 年第 2 期。

樊鹏:《中国式共识型决策模式揭秘》,《北京日报》2013 年 8 月 26 日。

范柏乃、张茜蓉:《公共政策质量的概念构思、测量指标与实际测量》,《北京行政学院学报》2014 年第 6 期。

房维中:《心情最舒畅的是第一个五年计划—— 对“一五”到“五五”五

个五年计划的回忆》，《中国战略新兴产业》2018 年第 45 期。

《福建省经济社会发展“十二五”规划工作简报》2010 年第 2 期（总第 5 期）。

顾基发：《意见综合——怎样达成共识》，《系统工程学报》2001 年第 16（5）期。

国家发改委发展规划司、世界银行代表处：《国家规划与政策的监测评估资料选编》，2007 年。

韩博天、奥利佛·麦尔敦：《规划：中国政策过程的核心机制》，《开放时代》2013 年第 6 期。

何文盛、何志才、唐序康等：《“一事一议”财政奖补政策绩效偏差及影响因素——基于甘肃省 10 个县（区）的质化研究》，《公共管理学报》2018 年第 15（2）期。

和经纬：《中国公共政策评估研究的方法论取向：走向实证主义》，《中国行政管理》2008 年第 9 期。

洪静：《立法机构在公共政策制定中的功能与作用——韩国国会与中国全国人大的比较》，《北京行政学院学报》2012 年第 5 期。

胡鞍钢：《从政治制度看中国为什么总会成功》，《人民论坛》2011 年第 6 期。

胡鞍钢、姜佳莹、郎晓娟：《国家五年规划战略设计的公共政策分析》，《北京交通大学学报》（社会科学版）2018 年第 15（4）期。

胡鞍钢、王亚华、鄢一龙：《国家“十一五”规划纲要实施中期评估（总报告）》，《 国情报告》（第十一卷上，2008 年。

胡鞍钢：《五年规划与中国奇迹》，《人民政协报》2016 年 3 月 30 日。

胡鞍钢、鄢一龙、吕捷：《中国发展奇迹的重要手段——以五年计划转型为例（从“六五”到“十一五”）》，《清华大学学报》（哲学社会科学版）2011 年第 26（1）期。

黄俊辉、徐自强：《校车安全条例（草案）的政策议程分析——基于多源流模型的视角》，《公共管理学报》2012 年第 9（3）期。

姜佳莹、胡鞍钢、鄢一龙：《确保实现第一个百年奋斗目标——国家“十三五”规划实施评估（2016—2018）》，《新疆师范大学学报》（哲学社会科学版）2019 年第 4 期。

李安定：《走向新世纪的行动纲领——国家计委副主任房维中谈十年规划和“八五”计划纲要》，《瞭望周刊》1991 年第 14 期。

李卫华：《公共政策民主化、科学化、法制化的实现条件及其内在关联》，《理论探讨》2015 年第 1 期。

李文钊：《推理的力量：政策过程的理性选择理论》，《党政研究》2018 年第 4 期。

练宏：《弱排名激励的社会学分析——以环保部门为例》，《中国社会科学》2016 年第 1 期。

刘思源：《中国十个“五年计划”经验教训的总结——访著名经济学家、中国社会科学院原副院长刘国光》，《上海党史与党建》2005 年第 6 期。

刘伟：《政策议程研究的代表理论及其评析》，《湖北社会科学》2011 年第 10 期。

罗芳：《影响公共政策质量的主要因素分析》，《湖南行政学院学报》2007 年第 4 期。

孟芊：《我国发展规划形成机制研究——以“十二五”规划为例》，博士学位论文，清华大学，2012 年。

宁骚：《中国公共政策为什么成功？——基于中国经验的政策过程模型构建与阐释》，《新视野》2012 年第 1 期。

秦德军：《公共政策的国家产出：质量与绩效》，《社会科学》2007 年第 3 期。

沈凌：《中共执政决策机制研究——以中欧发展规划决策为例》，博士学位论文，中共中央党校，2014 年。

盛宇华：《“摸着石头过河”：一种有效的非程序化决策模式》，《领导科学》1998 年第 6 期。

师容：《注意力、时间和知识：我国政府决策的核心影响因素研究》，博士学位论文，东北大学，2015 年。

斯蒂格利茨：《迈向市场经济的又一大步——评中国的“十一五”规划》，《经济管理文摘》2006 年第 10 期。

宋雅琴、古德丹：《“十一五”开局节能、减排指标“失灵”的制度分析》，《中国软科学》2007 年第 9 期。

苏利阳、王毅：《中国“央地互动型”决策过程研究——基于节能政策制定过程的分析》，《公共管理学报》2016 年第 3 期。

孙迎春：《从“政府停摆”透视美国联邦政府治理体系和治理能力》，《行政管理改革》2019 年第 3 期。

王宏广、王革、韦东远等：《高端科技智库建设要力争做到“九有”：兰德公司智库建设及其对我国科技智库建设的启示》，《科技中国》2018 年第 5 期。

王磊、胡鞍钢：《结构、能力与机制：中国决策模式变化的实证分析》，《探索与争鸣》2010 年第 6 期。

王绍光：《学习机制与适应能力：中国农村合作医疗体制变迁的启示》，《中国社会科学》2008 年第 6 期。

王绍光、鄢一龙、胡鞍钢：《中国中央政府“集思广益型”决策模式——国家“十二五”规划的出台》，《中国软科学》2014 年第 6 期。

王绍光：《中国公共政策议程设置的模式》，《中国社会科学》2006 年第 5 期。

王申成、常中青：《决策也要法制化》，《理论界》1998 年第 3 期。

王亚平：《第二个五年计划的回顾》，《党史研究》1987 年第 4 期。

魏淑艳、孙峰：《“多源流理论”视阈下网络社会政策议程设置现代化——以出租车改革为例》，《公共管理学报》2016 年第 3（2）期。

魏淑艳：《中国的精英决策模式及发展趋势》，《公共管理学报》2006 年第 3 期。

文宏、崔铁：《中国决策情境下的多源流模型及其优化研究》，《兰州大学学报》2014 年第 16（5）期。

习近平：《共同构建人类命运共同体——在联合国日内瓦总部的演讲》，《人民日报》2017 年 1 月 20 日。

肖棣文、姜逾婧、朱亚鹏：《如何形成政策共识：社会政策立法过程中的协商政治——以南方省残疾儿童保护政策立法为例》，《政治学研究》2016 年第 2 期。

肖玉梅、陈兴福、李茂荣：《成人教育边缘化现象及对策探讨——多源流分析模型的启示》，《南昌大学学报》（人文社会科学版）2006 年第 2 期。

谢素芳：《中国道路是怎样走出来的——记全国人大审查批准国家五年规划（计划）》，《法治与社会》2013 年第 12 期。

徐晓新、张秀兰：《共识机制与社会政策议程设置的路径——以新型农村合作医疗政策为例》，《清华大学学报》（哲学社会科学版）2016 年第 31（3）期。

徐增辉、刘志光：《政策议程设置的途径分析》，《学术研究》2009 年第 8 期。

许晓龙、李里峰：《“五年计划”的变与常：一项历史制度主义的考察》，《浙江学刊》2017 年第 3 期。

薛澜、陈玲：《制度惯性与政策扭曲：实践科学发展观面临的制度转轨挑战》，《中国行政管理》2010 年第 8 期。

薛澜、陈玲：《中国公共政策过程的研究：西方学者的视角及其启示》，《中国行政管理》2005 年第 7 期。

薛澜、赵静：《转型期公共政策过程的适应性改革及局限》，《中国社会科学》2017 年第 9 期。

鄢一龙、胡鞍钢、王绍光：《中国中央政府决策模式演变——以五年计划编制为例》，《清华大学学报》（哲学社会科学版）2013 年第 3 期。

鄢一龙、胡鞍钢：《中国十一个五年计划实施情况回顾》，《清华大学学报》（哲学社会科学版）2012 年第 27（4）期。

鄢一龙、吕捷、胡鞍钢：《整体知识与公共事务治理：理解市场经济条件下的五年规划》，《管理世界》2014 年第 12 期。

鄢一龙、王亚华：《中国 11 个五年计划绩效定量评估》，《经济管理》2012 年第 10 期。

杨君、倪星：《积极责任与官员责任体系建构——基于政府工作报告政策过程的观测》，《中国社会科学内部文稿》2019 年第 1 期。

杨鸣宇：《超越“碎片化威权主义”？——评〈中国式共识型决策：“开门”与“磨合”〉》，《山东行政学院学报》2014 年第 7 期。

杨志军：《模糊性条件下政策过程决策模型如何更好解释中国经验？——基于“源流要素 + 中介变量”检验的多源流模型优化研究》，《公共管理学报》2018 年第 15（4）期。

于永达、药宁：《政策议程设置的分析框架探索——兼论本轮国务院机构改革的动因》，《中国行政管理》2013 年第 7 期。

俞可平：《再说民主》，《领导文萃》2009 年第 12 期。

张桂清：《群体决策的共识模型研究》，博士学位论文，西安交通大学，2011 年。

张康之、张乾友：《论共同行动的基础》，《南京农业大学学报》2011 年第 2 期。

张梦涛：《决策科学化的内涵、问题及其实践取向》，《天府新论》2011 年第 4 期。

张庭伟：《转型时期中国的规划理论和规划改革》，《城市规划》2008 年第 3 期。

章博钧：《关于成立“政治设计院”的发言》，《人民日报》1957 年 5 月 22 日。

赵静：《决策删减——执行协商：中国山西煤炭产业政策过程研究》，博士学位论文，清华大学，2014 年。

赵钊：《信息化领导团队沟通对共识的影响机制研究》，博士学位论文，河北工业大学，2009 年。

钟开斌：《认知—心理、官僚—组织与议程—政治——西方危机决策解释视角的构建与发展》，《世界经济与政治》2007 年第 1 期。

周盛：《参与式政策制定的偏好分歧与共识形成机制》，博士学位论文，浙江大学，2014 年。

朱伟：《政策制定过程中官员、专家、公众的互动模式——基于政策“类型—过程”理论框架的分析》，《南京工业大学学报》（社会科学版）2013 年第 12（3）期。

朱旭峰：《“司长策国论”：中国政策决策过程的科层结构与政策专家参与》，《公共管理评论》2008 年第 7（3）期。

朱旭峰：《中国政策精英群体的社会资本：基于结构主义视角的分析》，《社会学研究》2006 年第 4 期。

朱亚鹏：《网络社会下中国公共政策议程设定模式的转型——基于“肝胆相照”论坛的分析》，《中山大学学报》（社会科学版）2010 年第 50（5）期。

朱之鑫：《在首届中国发展规划研讨会开幕式上的致辞》，2018 年 10 月 19 日。

［美］詹姆斯·麦格雷戈：《美国可向中国学习的五件事》，《参考消息》2009 年 11 月 15 日。

四 外文文献

Allison Michael, Jude Kaye, *Strategic Planning for Nonprofit Organizations: A Practical Guide and Workbook*, New York, NY: John Wiley & Sons. 1997.

Allison, T. Graham, *Essence of Decision: Explaining the Cuban Missile Crisis*, Boston: Little Brown, 1971: 18.

Bachman, David, *Chenw Yun and the Chineses Political System*, Berkeley and Los Angeles: University of California Press, 1985.

Bailey Stephen, Samuel Huward D., *Congress at Work*, New York: Holt, 1952.

Bebtley A. F., "The Process of Government: A Study of Social Pressures", *American Political Science Association*, 1950, 44 (3): 742.

Bezdek J., Spillman B., Spillman R., "A Fuzzy Relation Space for Group Decision Theory", *Fuzzy Sets and System*, 1978, 2 (1): 255 – 268.

Brewer G. D., "The Policy Science Emerge: to Nurture and Structure a Discipline", *Policy Science*, 1974, 5 (3).

Bryson J. M., *Strategic Planning for Public and Nonprofit Organizations: A Guide to Strengthening and Sustaining Organizational Achievement*, San Fransisco, CA: Jossey-Bass, 1988.

Chai, Joseph C. H. (ed.), *China: Transition to a Market Economy*, Oxford: Oxford University Press, 1998.

Cherney Adrian, Brian W. Head, Paul Boreham, et al., "Perspectives of Academic Social Scientists on Knowledge Transfer and Research Collaborations: A Cross-Sectional Survey of Australian Academics", *Evidence and Policy*, 2012, 8 (4): 433 – 453.

Chiclana F., Mata F., Martinez L., et al., "Integration of a Consistency Control Module within a Consensus Decision Making Model", *International Journal of Uncertainty Fuzziness and Knowledege-based System*, 2008, 16: 35 – 53.

Chin W. W., "The Partial Least Squares Approach for Structural Equation Modeling", *Advances in Hospitality and Leisure*, 1998, 8 (2): 295 – 338.

Chow, Gregory C., *China's Economic Transformation*, Malden, MA: Blackwell, 2007.

Claes Fornell., "A National Customer Satisfaction Barometer: The Swedish Experience", *Journal of Marketing*, 1992, 56 (1): 6 – 21.

Clark, L. A., Watson, D., "Constructing Validity: Basic Issues in Objective Scale Development", *Psychological Assessment*, 1995, 7 (3): 309 – 319.

Cohen K. J., Cyert R. M., "Formulation, Implementation and Monitoring",

The Journal of Business, 1973, 46 (3): 349 –367.

Cronbach L. J. , "Coefficient Alpha and the Internal Structure of Tests", *Psychometrika*, 1951, 16 (3), 297 –334.

Dahl R. A. , *Politics, Economics and Welfare*, New Brunswick, U. S. A. : Transaction Publishers, 1992: 54.

Daniels, Steven, Gregg B. W. , *Working Through Environmental Confnct: The Collaborative Learning Approach*, Westport, CT: Praeger, 2001.

Edwards L. M. , *Strategic Planning in Local Government: Is the Promise of Performance a Reality?* Georgia State University: Department of Public Management and Policy, 2012.

Eisenhardt K. , Bourgeois L. J. , "Charting Strategic Decisions: Profile of an Industry Star", Glinow M. V. , Mohrmann S. , *Mnaging Complexity in High Technology Organizations, Systems, and People*, New York: Oxford University Press, 1989.

Fornell C. , Larcker, D. F. , "Evaluating Structural Equation Models with Unobservable Variables and Measurement Error", *Journal of Marketing Research*, 1981 (18): 39 –50.

Gary Banks, "Could Academic Research be more Policy Influential?", *Public Administration Review*, 2016, 76 (1): 33 –34.

Gary VanLandingham, Torey Silloway, "Bridging the Gap between Evidence and Policy Makers: A Case Study of the Pew-MacArthur Results First Initiative", *Public Administration Review*, 2016, 76 (4): 542 –546.

Geddes P. , *Cities in Evolution: An Introduction to the Town-planning Movement and the Study of Cities*, London, UK: Williams and Norgate, 1915.

Gefen D. , Straub D. , Boudreau M. C. , "Structural Equation Modeling and Regression: Guidelines for Research Practice", *Communication of the Association for Information Systems*, 2000, 4 (1): 2 –76.

Gilbert A. Churchill, Jr. , "A Paradigm for Developing better Measures of Marketing Constructs", *Journal of Marketing Research*, 1979, 16 (1): 64 - 73.

Glaser B., Strauss A., *The Discovery of Grounded Theory: Strategies for Qualitative Research*, London: Wiedenfeld and Nichoson, 1967.

Gordon, G. L., *Strategic Planning for Local Government*, Washington, DC: ICMA. Gordon 1993.

Halpern Nina P., "Information Flows and Policy Coordination in the Chinese Brureaucracy", In Kenneth Lieberthal and David Lampton ed., *Bureaucracy, Politics , and Decision Making in Post-Mao China*, Berkeley and Los Angeles: University of California Press, 1992: 125 - 148.

Höck M., Ringle C. M., "Strategic Networks in the Software Industry: An Empirical Analysis of the Value Continuum", *International Journal of Knowledge Management Studies*, 2010, 4 (2): 1 - 15.

Heilmann S., "Policy Experimentation in China's Economic Rise", *Studies of Comparative and International Development*, 2008 (1): 1 - 26.

Henseler Jörg, Ringle Christian M., Sarstedt Marko, *Using Partial Least Squares path Modeling in International Advertising Research: Basic Concepts and Recent Issues*, Okzaki, S., ed. , *Handbook of Partial Least Squares: Concepts, Methods and Applications in Marketing Andrelated Fields*, Berlin: Springer, 2012.

Henseler Jörg., Ringle C. M., Sarstedt M., "A New Criterion for Assessing Discriminant Validity in Variance-based Structural Equation Modeling", *Journal of the Academy of Marketing Science*, 2015, 43 (1): 115 - 135.

H. Lyman Miller. Politics inside the Ring Road: On Sources and Comparisons [A]. in Carol Lee Hamrin and Suisheng Zhao, eds. , Decision-Making in Deng's China: Perspectives from Insiders , M. E. Sharpe, 1995: 225.

Johnson A. M., Lederer A. L., "The Effect of Communication Frequency and Channel Richness on the Convergence between Chief Executive and Chief Information Officers", *Journal of Management Information Systems*, 2005, 22 (2): 227 -252.

Johnson N., Ravnborg H. M., Werstermann O., et al., "User Participation in Watershed Management and Research", *Water Policy*, 2001, 3 (6): 507 -520.

Jones, Charles O., *An Introduction to the Study of Public Policy*, Belmont, Calif.: Wadsworty, 1970.

Joshua Newman, Adrian Cherney, Brian W., "Head. Do Policy Makers Use Academic Research? Reexamining the 'Two Communities' Theory of Research Utilization", *Public Administration Review*, 2016, 76 (1): 24 - 32.

Kacprzyk J., *On Some Fuzzy Cores and Soft Consensus Measures in Group Decision Making*, edited by Bezdek, J., *The Analysis of Fuzzy Information*, Boca Raton: CRC Press, 1987, 119 -130.

Kenneth Lieberthal, Michael Oksenberg, *Policy Making in China: Leaders, Structures, and Processes*, Princeton University, 1988.

Klein, Donald, *Sources for elites Studies and Biographical Materials on China. in Robert Scalapino, ed. Elites in the People's Republic of China*, Seattle: University of Washington Press, 1962, pp. 609 -656.

Lampton D. M., "Chinese Politics: The Bargaining Treadmill", *Issue and Studies*, 1987 (3): 11 -41.

Lampton D. M., *Health, Conflict, and the Chinese Political System*, Center for Chinese Studies, University of Michigan, 1974: 78.

Lampton D. M., *The Politics of Medicine in China: The Policy Process*, 1949 - 1977, Boulder, Colorado: Westview Press, 1977.

Lasswell H. D., Lerner Daniel., *The Policy Sciences, Recent Developments in Scope and Method*, Stanford, California University Press, 1959.

Lasswell H. D., *The Decision Process*, College Park: University of Maryland

Press, 1956.

Maaleveld M., Dabgbgnon C., "Managing Natoral Resources: A Social Learning Perspective", *Agriculture and Human*, 1999, 16 (3): 267 - 280.

Matland R. E., "Synthesizing the Implementation Literature: The Ambiguity-Conflict Model of Policy Implementation", *Journal of Public Administration Research and Theory*, 1995, 6 (4): 445 - 488.

Naughton, Barry, *The Chinese Economy: Transitions and Growth*, Cambridge, MA: MIT Press, 2007.

"Political Paralysis Takes toll on India's Economy", International Herald Tribune, 2012 - 05 - 30.

Preston D. S., *Shared Mental Models between the Chief Information Officer and Top Management Team: Towards Information Systems Strategic Alignment*, Athens, GA: The University of Georgia, 2004.

Robert Dahl Alan, *Who Governs? Democracy and Power in an American City*, New Haven: Yale University Press, 1961.

Saaty, T. L., "Axiomatic Foundation of the Analytic Hierarchy Process", *Management Science*, 1986, 32 (7): 841 - 855.

Sabatier P. A., "An Advocacy Coalition Framework of Policy Change and the Role of Policy-oriented Learning Therein", *Policy Sciences*, 1988, 21 (2).

Simon H. A., *Administration Behavior: A Study of Decision-Making Processes in Administrative Organization* (3rd *Edition*), New York: The Free Press, 1976.

Simon H. A., *Administrative Behavior*, Simon and Schuster, 1997: 87, 122.

Spillman B., Bezdek J., Spillman R., "Coalition Analysis with Fuzzy Sets", *Kybemetes*, 1979, 8 (3): 203 - 211.

Truman D. B., "The Governmental Process: Political Interests and Public Opinion", *The Western Political Quarterly*, 1951, 4 (4).

Weiss C. H., "The Interface between Evaluation and Public Policy", *Evalua-*

tion, 1999, 5 (4): 468 -486.

Yin R., *Case Study Research: Design and Methods*, Beverly Hill: Sage, 1984.